中央高校基本科研业务费专项资金资助项目（2014RC0801）
国家社会科学基金重大项目（07&ZD015）

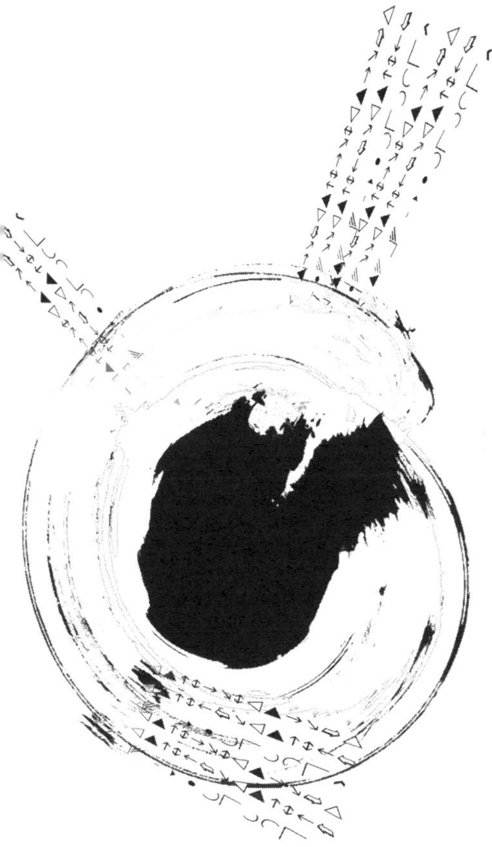

产业网络集成创新与政府作用的研究

CHANYE WANGLUO JICHENG CHUANGXIN YU ZHENGFU ZUOYONG DE YANJIU

马晓飞　著

中国人民大学出版社
·北京·

图书在版编目（CIP）数据

产业网络集成创新与政府作用的研究/马晓飞著．—北京：中国人民大学出版社，2015.7

ISBN 978-7-300-21720-8

Ⅰ.①产…　Ⅱ.①马…　Ⅲ.①产业结构-网络化-研究　Ⅳ.①F062.9

中国版本图书馆 CIP 数据核字（2015）第 167274 号

产业网络集成创新与政府作用的研究

马晓飞　著

Chanye Wangluo Jicheng Chuangxin yu Zhengfu Zuoyong de Yanjiu

出版发行	中国人民大学出版社		
社　　址	北京中关村大街 31 号	**邮政编码**	100080
电　　话	010－62511242（总编室）		010－62511770（质管部）
	010－82501766（邮购部）		010－62514148（门市部）
	010－62515195（发行公司）		010－62515275（盗版举报）
网　　址	http://www.crup.com.cn		
经　　销	新华书店		
印　　刷	唐山玺诚印务有限公司		
开　　本	890 mm×1240 mm　1/32	**版　　次**	2015 年 6 月第 1 版
印　　张	7.125　插页 1	**印　　次**	2024 年 5 月第 2 次印刷
字　　数	190 000	**定　　价**	66.00 元

前　言

人们通常把经济发展看做是 GDP 的增长。实际上，即使在技术水平不变的情况下，通过扩大生产要素的规模也可以实现单纯 GDP 的增长，但是这样的增长只是在同一水平面上的简单扩展，并不能使生产力得到质的飞跃，因而不是真正意义上的经济发展。自从著名经济学家约瑟夫·熊彼特（Joseph Alois Schumpeter）在其 1912 年出版的《经济发展理论》中开创了“创新理论”以来，他关于创新与经济发展的相互关系的卓越见解，令人耳目一新，他所提出的“创新理论”轰动了西方经济学界。他强调把发展定义为执行新的组合，从而为“集成创新”模式奠定了坚实的理论基础。西蒙·史密斯·库兹涅茨在其《生产和价格的长期运动》（Simon Smith Kuznets，1930）中断定，由于新技术的出现并产生扩散效应，会引发一个产业、一个国家、一个时期的经济增长。而托马斯·K·

麦格劳在《现代资本主义：三次工业革命中的成功者》（Thomas K. McCraw，1997）中所讲的三次工业革命，无一不是由于里程碑意义的产业创新所引致。在这个过程中，哪个国家在产业创新方面走在前面，哪个国家在这个时期的经济发展就处于领先地位。正因如此，第二次世界大战之后，世界上的一个重要动向就是各国政府对产业创新政策的高度重视，对技术创新的介入与支持都得到了加强，试图从重大技术创新项目和关键产业的创新突破中占领战略制高点，获得垄断利益，同时保障本国的产业安全、经济安全和国家安全。这已成为许多国家的国家战略之核心内容，同时，也吸引了国内外众多学者对技术创新、企业创新、产业创新、国家创新等相关问题的高度关注。

但是，随着科学技术的飞速发展，技术复杂程度的日益增加和市场的瞬息万变，组织所处的环境已发生深刻变化。单个主体要独立完成日益复杂的创新活动变得越来越困难。产业内的各个组织为了提高创新效率，降低创新失败的风险，开始以需求为导向，优势互补，资源集成，采用网络化的组织方式进行创新，创新的网络化和集成化趋势日益显现。同时，学者们对创新的研究也逐渐由线性范式向网络范式演化。

从世界范围来看，虽然创新的网络化和集成化趋势，为后发国家充分整合全球创新资源和要素、快速提高创新能力提供了有效的组织形式和创新模式，但后发国家也有可能被具有先发优势的国家锁定在既定的技术轨道或创新层次的低端，成为永远的追随者。在产业网络的集成创新中，也存在着如何保护首创者的利益，如何为规模和实力不同的创新者营造公平的竞争与合作环境，如何协调创新参与者之间的利益关系从而使整个创新服务于国家利益和增进社会福利，如何对集成创新中涉及的标准和兼容问题进行协调与规制等诸多问题。面对上述问题，政府该如何作为？

带着这些问题，细细梳理文献后我们发现，既有文献对上述问题还缺乏系统性研究。将政府和企业结合起来研究产业网络创新，

将创新聚焦于产业网络重要的创新形式——集成创新，并且将创新网络的研究突破区域和单一产业的限制而一般化、抽象化和理论化，这种聚焦性和针对性的理论研究还是很缺乏的，同时将产业网络和政府作用相结合来研究创新活动还缺乏系统化的分析框架。而这些欠缺之处，正是本书努力尝试解决的地方。

本书的主要工作如下：循着从整体到局部再到整体的研究思路，首先对产业网络的整体进行了研究，并构建出了一套研究产业网络集成创新和政府作用的“结构—行为—绩效（SCP）”的系统性框架，同时在绩效评价方法上充分考虑了经济因素、制度因素、技术因素、样本主观性强和样本不足等因素后，给出了一种技术和经济相结合的定量分析方法。紧接着，书中运用动态博弈模型结合演化博弈理论作为数理分析工具，将产业网络创新活动的主要局部——即作为创新主体的企业，作为重要的创新参与主体和制度供给主体的政府结合起来进行研究。① 最后以中国铁路产业网络的集成创新与政府作用为案例，以大量的数据分析和事实资料分析为支撑，从整体上进行了实证研究，研究的结果与实际情况相符，验证了前文理论研究框架和研究思路的正确性。

本书可能的知识创新主要体现在：(1) 提出了政府究竟应该对产业创新多干预还是少干预，主要取决于产业发展需要的观点。这与以往仅从政治制度、经济体制或“市场失灵”角度来讨论政府是否应该对创新进行干预的观点是不同的。(2) 构建了对产业网络集成创新和政府作用的“结构—行为—绩效（SCP）”的系统研究框架。(3) 给出了一种全新的产业网络治理结构的分类方法，将产业网络治理结构分为两大类共四种类型。(4) 根据企业集成创新的不同动因，提出了全新的集成创新模式的分类方法，突破了原来仅从

① 根据韩小明、周业安、蒋东升等学者的观点，通常而言，技术创新网络的行为主体主要包括企业、政府、高校和科研机构三大类。由于大部分科研机构都由政府或者企业设立，高校也可分为公立和私立两大类，所以也可简要地将技术创新网络的行为主体分为政府和企业两类，这也是本书选择政府和企业作为局部研究对象的重要原因。

功能角度对集成创新模式进行分类的方法。(5) 提出了一种技术和经济相结合的定量分析方法，对产业网络集成创新绩效和政府作用进行评价，弥补了既有研究方法的种种不足。

本书的核心观点和主要结论是：产业网络是创新的重要来源，是推动技术进步的最强有力的创新组织形式，是国家创新体系的有机组成部分，但又不受地域和国界的限制；集成创新是一种高效的创新模式，可以充分整合利用既有的创新成果，进行增量创新和快速创新，降低创新风险，提高创新效率。由于所处的基础条件和制度环境不同，产业网络的治理结构也有所不同，对应也会有不同的集成创新模式。世界各国政府在产业网络的集成创新过程中都发挥着重要的作用，但是政府的作用是有边界的。政府究竟应该对产业创新多干预还是少干预，主要取决于产业发展的需要；政府干预产业创新的强度和作用的方式应该随着产业的发展阶段、产业的战略地位、产业的类型等不同而有所差异，是有重点和有选择的。在产业发展的初期，出于快速赶超、产业安全、可持续发展等考虑，政府要对产业创新给予重点保护和大力扶持，当产业突破发展的瓶颈之后，政府的干预强度需要适当减弱，产业的创新转而更多取决于市场的导向作用和企业的创新能力。当然，政府及时和适当的引导与规制还是必不可少的。

全书内容分为七章。第 1 章是绪论，主要提出了本书要研究的问题，界定了研究范围，叙述了研究内容与方法。第 2 章总结梳理了与本书研究主题紧密相关的国内外既有研究文献，主要涉及关于创新与经济的关系以及创新的线性范式向网络范式演化的理论文献，以及产业集成创新、政府作用与创新的相关理论文献。第 3～6 章是本书的主体内容。具体地说，第 3 章是从整体上对产业网络集成创新进行了理论研究；先从产业网络的三要素理论出发，对产业网络的要素构成及作用进行理论分析和总结，并进一步将产业网络划分为核心、辅助和外围的三层结构，研究了行为主体之间、各层次之间围绕集成创新的交互关系；从产业网络所赖以形成的基础条

件和制度环境来探讨其治理结构，并从是否有外力介入核心层、介入的强度、产业的市场结构三个维度对产业网络的治理结构进行划分和研究；然后，相应地将集成创新模式（行为）归纳为内生驱动型和外生牵引型两大类进行研究；最后，结合灰色系统理论和索罗余值法给出了对产业网络集成创新和政府作用整体绩效进行评价的方法。至此，一个完整的关于产业网络的“结构－行为－绩效（SCP）”的分析框架构建完成。第 4 章和第 5 章主要通过构建动态博弈模型结合演化博弈理论作为数理分析工具，对产业网络的主要局部——企业和政府行为及交互展开研究。本书先从横向、纵向、全网三个维度，有重点地对企业在产业网络集成创新中经常遇到的创新先后与竞争合作策略、主体价值和协同价值的权衡、技术标准的兼容策略选择等三类问题进行研究。紧接着，书中结合发达国家的成功经验和新制度经济学的相关理论及模型，讨论了政府的作用及其边界；并针对企业的上述三类问题，研究了政府可能运用的政策工具和能够发挥的具体作用；最后对我国政府在产业网络集成创新中作用的演进进行了研究。第 6 章从整体上对我国的铁路产业网络集成创新与政府作用进行了实证研究。之所以选择我国铁路产业作为实证研究的对象，是因为其网络经济特征、集成创新的外生牵引特征和政府作用都非常显著和典型。第 7 章是全书的收尾部分，总结出本书的主要结论和创新之处，并对后续研究进行了展望。

目　录

图表索引

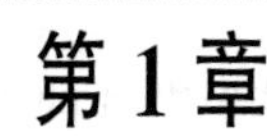

第1章 绪论

1.1 选题背景

1.1.1 创新已成为时代特征

创新——在21世纪，无论是对于消费者、企业、产业还是国家，都具有极其重要的意义。

早在1912年，经济学创新理论创始人，美籍奥地利经济学家约瑟夫·熊彼特（Joseph Alois Schumpeter）就在其著名的《经济发展理论》一书中，首次从经济学角度对创新的概念做出了界定，提出创新是指生产函数或者供应函数的变化，或把生产要素和生产条件“新组合”引入到社会生产体系，即建立一种新生产函数的过程。这一表述开创了经济学意义下的创新概念并且已经萌芽了集成的思想。

今天，随着世界领先的中国高速铁路系统对区

域经济的融合与发展的促进，随着使用“中国芯”芯片的“天河一号A”超级计算机运算速度跃居世界第一，随着中国商用大飞机C919的呼之欲出，随着我国自主设计的TD-SCDMA、TD-LTE-Advanced成为世界公认的3G、4G无线通信标准之一，随着各个产业的核心技术创新带动整个产业的繁荣和进步以及产业结构的变化，我们已不再怀疑创新的重要性。我们更加关注的是：什么才是创新最重要的来源？对于我们这样一个处在经济转型阶段，具有巨大的国内市场和完备的工业、产业体系（网络）的发展中大国，什么样的创新模式才最适合、最有效？什么样的创新机制才能保障我国那些相对落后的产业迅速崛起并快速赶超？

创新可以有许多来源。它可以来自于个人，也可以来自于组织，可以来自于高校和科研院所，也可以来自于政府和企业。然而，一个更为重要的创新来源并不是从上述任何一种来源中衍生出来，而是来自于他们彼此形成的网络。因为任何一个节点的创新瓶颈都会产生另一种创新的需求，而任何一个节点的创新突破都会为其他节点或领域提供新的创新手段，创新网络能够整合多种创新来源的知识和资源，成为技术进步最强有力的组织形式。①② 因此，我们可以认为创新的来源是一个复杂的系统，任何一个特定的创新都来自于系统中若干个要素的集成，或者是来自于各个要素之间的相互联系，创新已经是一种网络现象。

1.1.2 网络创新与集成创新

伴随着创新网络现象的出现，创新的形式和创新的成果也更加丰富，创新更是可以不用事事从头再来，而是可以充分利用网络内

① R. Rothwell. Factors for success in industrial innovations. Project SAPPHO—A comparative study of success and failure in industrial innovation [J]. Science Policy Research Unit，University of Sussex，Brighton，U. K.，1972.

② L. Smith-Doerr，J. Owen-Smith，K. W. Koput， and W. W. Powell. Networks and knowledge production：collaboration and patenting in biotechnology [J]. Corporate Social Capital and Liability，Kluwer Academic Publishers，1999，pp. 390 - 408.

的既有资源和创新成果进行集成、融合和增量创新，从而不断取得新的突破。

回顾人类最近200多年来重要的技术创新成果（见表1—1），我们可以看到，技术创新的层次越来越高，越来越复杂，相应需要的技术要素和参与创新的行为主体也越来越多，网络化和集成化的趋势越来越明显。

随着技术的进步，创新网络的集成创新现象早已突破了一个企业、一个区域的范围，而几乎发生于各个产业和整个国家的边界之内。在世界经济一体化的今天，这种现象已突破国界，演化为一种全球性的趋势。

然而，这种创新网络全球化的趋势是一把“双刃剑”，既为后发国家充分集成全世界的创新资源和要素创造了条件，也使其容易被具有先发优势的国家锁定在既定的技术轨道或创新层次的低端；“大者恒大，赢者通吃”的马太效应，也会使后发国家的创新萌芽被扼杀，甚至危及后发国家的产业安全与国家安全。所以，在关键领域、关键产业的创新问题上，许多国家的政府都会采取扶持和保护的政策措施，即使是完全市场经济的国家也不例外；对于一些涉及国家长远战略利益的技术研发和创新，即使暂时不会产生经济利益或可能会损失经济利益，政府也会直接投入资源主导技术创新，以图尽快缩小与先进水平的差距或快速实现赶超。

表1—1　　　　最近200多年来重要的技术创新成果

1800	1800年——电池	1900	1902年——空调（电动）
	1804年——蒸汽机车		1903年——莱特兄弟的双翼飞机
	1807年——内燃机		1906年——电动真空吸尘器
	1809年——电报		1910年——电动洗衣机
	1817年——自行车		1914年——火箭

续前表

年代	事件	年代	事件
1820	1821 年——电动机	1920	1921 年——胰岛素（从细胞中提取）
	1824 年——盲文书写系统		1927 年——电视机
	1828 年——热风炉		1928 年——青霉素
	1831 年——发电机		1936 年——第一台可编程计算机
	1836 年——五发左轮手枪		1939 年——原子裂变
1840	1841 年——帮森电池（伏打电池）	1940	1942 年——水肺术
	1842 年——麻醉		1943 年——核反应堆
	1846 年——水压起重机		1947 年——晶体管
	1850 年——石油冶炼		1957 年——人造卫星
	1856 年——苯胺染料		1958 年——集成电路
1860	1862 年——加特林机枪	1960	1967 年——便携式掌上计算器
	1867 年——打字机		1969 年——阿帕网络（互联网的先驱）
	1876 年——电话		1971 年——微处理器
	1877 年——留声机		1973 年——移动电话
	1878 年——白炽灯泡		1976 年——巨型计算机
1880	1885 年——轻钢摩天大楼	1980	1981 年——航天飞机
	1886 年——内燃机汽车		1987 年——一次性隐形眼镜
	1887 年——充气轮胎		1989 年——高清电视
	1892 年——电炉		1990 年——万维网协议
	1895 年——X 光机		1996 年——无线互联网
		2000	2003 年——人类基因组
			……

资料来源：Melissa A. Schilling. *Strategic Management of Technological Innovation*, 3rd Edition [M]. The McGraw-Hill Companies，2010.

1.1.3　问题的提出

即使是在一个国家产业网络的内部开展的创新活动，政府的作用也是不可或缺的。由于集成创新会涉及相关参与者的利益协调问题，所以，如何保护首创者的利益，从而激发创新的积极性；如何避免因为对首创者利益的过度保护而造成技术和经济垄断；如何为大型企业和众多中小企业营造公平的竞争与合作环境；如何协调企业、高校、科研院所等创新参与者之间的利益关系从而使整个创新服务于国家的利益和增进社会的福利；如何对集成创新中涉及的标准和兼容问题进行协调与规制等问题都需要相应的制度予以解决。政府作为最大的制度供给者，其作用自然非常重要。但是政府的作用究竟该如何有效地发挥？其作用边界如何确定？针对产业网络创新活动中出现的上述问题，政府会采用什么样的政策工具？我国政府在产业发展的不同阶段是如何发挥作用的，效果如何？创新网络由于所处的产业类型不同、生成的基础条件和制度环境不同，会具有不同的治理结构，对应着不同的集成创新模式（行为），具有不同的绩效，那么对产业网络集成创新的绩效和政府作用效果如何评价？上述这些问题，都是需要关注和研究的。

正是在这些问题的引导下，通过对既有文献的研究和现实情况的观察，作者完成了本部著作。

1.2　研究意义

通过上述研究背景的介绍可见，本书的选题已经成为当前影响企业成长、产业发展和政府作用的重要问题，选题具有一定的理论意义和现实意义。

1.2.1 理论意义

从理论上看，本书研究的选题，在如下六个方面具有重要的理论意义：

(1) 本书的研究为产业网络的技术集成创新活动提供了理论支持。创新网络以及集成创新问题已经引起了国内外学者的关注。但是将产业网络与集成创新结合起来，并揭示二者关系的研究却很匮乏，因此本书的研究对弥补这方面的不足具有重要的理论探索意义，能够为产业网络内已普遍存在的集成创新实践提供理论支持。

(2) 本书是基于产业的层面和范围来研究创新网络，是对既有的从微观层面对企业内部的创新网络的研究；从中观层面仅对企业间创新网络的研究；以及从更宏观的国家层面对创新网络即国家创新体系的研究的丰富和完善。从纵向来看本书的研究着眼于中观层次的创新网络，丰富了创新网络的研究层次；从横向来看本书的研究不仅关注于产业内的企业，同样关注产业内的其他行为主体，更关注于政府对产业网络创新活动的重要作用，丰富了创新网络的研究主体和研究内容。

(3) 本书是基于产业网络的范围来研究创新，与以往过多地从企业的角度、产业集群的角度来研究创新不同，超越了企业的范围和产业集群中区域的概念，甚至突破了国家创新体系中国家的界限，在中观层次上扩大了创新网络的研究范围，淡化了空间的界定。

(4) 本书是在产业网络的范围内研究集成创新。在产业网络层面研究集成创新，不仅能够丰富产业组织理论和技术创新理论，也能够深入地剖析产业网络和集成创新的关系，有利于集中产业网络内各个主体的优势，提高集成创新的效率，推动产业升级和增进社会福利。

(5) 从研究手段上来看，与既有的对创新网络问题的研究过多

地用社会网络分析和复杂网络分析等社会学和生态学的研究方法和研究手段不同，本书更侧重于用产业创新理论、产业组织理论、网络经济学理论、新制度经济学理论、政府规制理论与政府保护优质产业等政府作用的相关理论、灰色系统理论等经济学和管理科学的方法来研究网络问题，丰富了对创新网络研究的经济学内涵。

（6）最后，也是最重要的一点。既有的对产业网络创新活动的研究，仅在国家创新体系中强调了政府的作用，而其他层次对创新网络的研究却忽略了政府这个重要的参与者、最大的制度供给者、最重要的创新环境营造者、最主要的创新方向引导者、在某些情况下甚至是产业创新的主导者，本书的研究将产业网络的集成创新与政府作用结合研究，弥补了既有研究的不足。

综上所述，本书的研究属于多学科交叉的研究课题，研究工作具有较高的独创性和理论价值。

1.2.2　现实意义

从现实来看，本书研究的选题，在如下四个层面具有重要的现实意义：

（1）从企业的层面来看，成为产业网络的创新主体，以及能够有效地利用产业网络中循环的信息和技术，已经变得比自动生成新知识和新技术更有价值，这种不断增加的通过产业网络内众多行为主体合作进行集成创新的趋势更加符合逻辑要求。尽管如此，从理论和实践的角度来讲，合作进行集成创新的模式正在探索之中。本书的研究就是集中于产业网络集成创新能力和持续创新水平的构建，并维持企业之间专用资源互补关系以便能够实现永续成长，从而满足产业和市场的需求。

（2）从产业的层面来看，有利于实现产业网络内各类创新资源的有效配置。对不同基础条件和制度环境下不同类型产业网络的集成创新模式的研究，有利于优化创新资源配置，提高集成创新效率，促进产业的发展水平更快地向更高层次跃迁。同时，有利于促

进我国产业结构调整和经济增长方式的转变，提升我国相关产业在全球市场的竞争优势和可持续创新。

因为国家战略性产业往往涉及产业内相关政府部门、产业内及产业间众多企业、高校和科研机构、中介服务机构以及消费者等众多经济主体，构成了庞大、复杂的产业网络，其中的创新活动更为复杂。总结和梳理产业网络的集成创新模式，有助于指导我国战略性产业的创新行为及其可持续发展，提高创新绩效。

(3) 从政府的层面来看，本研究的现实意义在于为政府制定针对产业网络创新活动的政策提供了重要的决策支持理论。产业网络对于一个地区乃至一个国家的发展有着非常重要的作用，各级政府非常关心产业网络的可持续发展问题。现有的研究已经从某些角度提出了产业网络发展的建议，但这些建议大都是从某个具体的产业角度、区域的角度或企业的角度提出，并且这些建议的有效性还缺乏直接的证明。本书对不同类型的产业网络集成创新模式和政府作用的研究，弥补了这方面的不足。本书也对评价产业网络集成创新和政府作用的绩效提供了一种简单易用，且行之有效的评价手段。

(4) 从国家的层面来看，有利于我国结合自身的实际情况，充分发挥后发优势，集成世界上一切既有的优秀成果，因地制宜、为我所用，走原始创新、集成创新和引进、消化、吸收再创新的自主创新之路，迅速缩短与世界先进水平的差距，实现各战略性产业以及整体国民经济的跨越式发展。产业网络（体系）的范围弹性很大，小可聚焦于某个区域的产业集群，大可放大为整个国家范围内的某个战略性产业，是国家创新体系的有机和重要的组成部分，因此对于产业网络集成创新模式的研究，是对产业创新体系以及国家创新体系的丰富和完善。

总之，集成创新主要有两种实现途径。一是可以通过集成组织或者企业内部的资源来实现，二是可以通过集成创新网络之中的政府或行业协会、企业、高校与科研机构等组织间的创新资源来实

现。进入 21 世纪以后，组织所处的环境已发生深刻变化，技术的复杂程度日益增加，市场变化越来越快，单个主体要独立完成日益复杂的创新活动变得越来越困难。这种情况下，若产业网络内的各个组织能够联合起来，采用网络化的组织方式进行创新，优势互补，资源集成，则会大大提高创新效率，降低创新失败的风险。同时，当今高度发达的信息通信技术和运载工具，大大加速了生产要素和知识的全球性快速流动，这也为发展中国家发挥后发优势，实现快速赶超提供了条件。整合全球资源，以需求为导向进行更高层次的集成创新已经成为我们国家许多行业实现跨越式发展的重要创新方式之一。

组织所处的竞争环境，已伴随着经济的全球化、网络化和知识化而发生深刻变化。在这种环境下，企业要想在激烈的市场竞争中求生存、求发展，整合产业网络内的优势资源进行集成创新是一种有效的模式；通过对创新资源和创新要素的集成，实现优势互补，达到规模效应，从而降低创新的风险性；通过产业网络的组织形式和合作机制来降低创新过程中的交易成本。因此，对于企业和其他组织而言，借助于产业网络进行集成创新，对创新资源和创新要素进行选择、集成和优化是一种高效率的创新模式。所以，在产业网络层面研究集成创新，不仅能够丰富产业网络技术创新理论，也能够深入地剖析产业网络和集成创新的关系，有利于集中产业网络内各个参与主体的优势，提高集成创新效率，为整个产业网络带来巨大的经济和社会效益。通过产业网络集成创新，可以极大地促进集成创新主体产业并带动相关产业的发展。产业的发展又会为网络内相关组织的发展带来更多机会，营造更好的发展环境，从而达到共同发展。这为提高产业和企业创新能力，培育具有国际竞争力的大型骨干企业，提供了一条新的思路。

在产业网络集成创新的过程中，我们可以明显地看到政府发挥着重要和不可替代的作用。特别是近 30 年来，科学技术的发展速度越来越快，世界各地涌现出许多新兴产业，许多传统产业依靠科

学技术的创新和商业模式的创新也“回黄转绿”，由夕阳产业转变为朝阳产业。产业的创新能力决定着产业的竞争力，而产业竞争力的强弱也越来越成为决定国家竞争力强弱的重要方面，所以关于产业的创新问题也日益成为官、产、学、研各界关注的焦点。纵观世界发达国家的发展历程，政府在有效提高产业创新能力、促进产业结构的调整升级、提升产业竞争力方面，发挥着重要和不可替代的作用。

综上分析可以看出，产业网络和集成创新联系密切，而在产业网络集成创新的过程中，政府的作用不可忽视。但是，我国目前对产业网络创新理论的研究还处在初级阶段，虽然不少学者对产业创新理论、创新网络理论和技术创新理论进行了比较深入的研究，但是距离成熟理论体系的形成，还有很长的路要走。集成创新是产业网络的一种重要的创新模式，然而现有理论对于产业网络集成创新方面的研究还很缺乏。此外，对政府在产业网络集成创新中的作用问题进行系统深入的理论研究也不多见。缺乏系统深入的理论指导，必将影响实践的成效。因此，通过对国内外关于创新网络理论、产业创新理论、集成创新理论、政府作用与创新等方面的理论进行回顾与梳理，结合我国在产业网络集成创新方面的实践经验，研究和总结出适合我国国情和经济发展阶段的产业网络集成创新模式以及政府在提高产业网络集成创新绩效中的作用模式，并给出政策建议，将有助于政府决策部门、企业、高校与科研机构采用更有针对性的举措，促进产业网络内集成创新实践有效、顺利地开展。

1.3 重要概念与研究范围界定

1.3.1 对重要概念的说明

产业其实是一个跨地域跨国度的概念，既是区域经济的主要构

成，也是国民经济的重要组成部分，同时也是世界经济体系的有机构成之一，因此产业创新网络与产业集群创新网络、区域创新网络、国家创新网络或者国家创新体系有着密切的交融性，但是关于产业创新网络定义和结构的研究还远不及产业集群创新网络、区域创新网络和国家创新网络成熟。

因为产业创新网络其实就是产业网络创新特征的外在表现形式和内在交互机制，所以研究产业网络的创新活动，就必须要先熟悉产业网络的概念。

根据哈坎森（Hakansson，1987）[①] 等人的定义，产业网络（Industrial Network）是由以那些各自拥有独特资源，也相互依赖对方资源的企业组织以及政府和行业协会、高校和科研机构、中介服务机构为节点，以经济、社会的联系为链接，凭借专业分工与协作，资源互补与优化，在要素投入、生产制造和技术创新合作等方面进行互动，长期所形成的正式和非正式的互惠互利关系。它是一种介于市场和企业之间的有效的资源配置方式。[②] 产业网络为网络内的不同节点提供了互动平台，节省了成员组织间的交易成本，加快了组织间的信息流通、知识扩散和学习速度，增强了企业和产业的竞争力，是一种新型的组织协调方式，是产业组织理论的创新。产业网络构成了产业发展的重要资源，与产业的形成与发展息息相关。

考虑到哈坎森（Hakansson，1987）、卡洛斯·莫罗·布瑞托（Carlos Melo Brito，2001）[③]、维尔肯森和刘易斯（Wilkinson and Louise，2002）[④] 等学者对产业网络的研究大多是以产业网络三大组

---

① Hakansson，Hakan. Evolution Processes in Industrial Networks [A]. B. Axelsson and G. Easton eds *Industrial Networks：A New View of Reality* [M]. London Routledge，1992.

② 参见盖翊中、隋广军：《基于契约理论的产业网络形成模型：综合成本的观点》，载《当代经济科学》，2004，26（5）：56－59。

③ Carlos Melo Brito. Towards an Institutional Theory of the Dynamics of Industrial Networks [J]. *Journal of Business & Industrial Marketing*，2001，16（3）：150－166.

④ Ian Wilkinson，Louise Young. On Cooperating：Firms，Relations and Networks [J]. *Journal of Business Research*，2002，55（2）：123－132.

成要素：行为主体、行为和资源为研究的基础和出发点，所以本书也沿用上述学者的定义来考察产业网络创新活动的各个组成要素。

行为主体：产业网络创新活动的行为主体不仅包括生产商、消费者和经纪人等，还包括产业链和价值网络上的各个环节，在更广的范围上还包括相关企业、政府和行业协会、中介组织、教育和培训组织、高校和科研机构、金融机构，等等。行为主体有三个主要特性：行为主体完成和控制着创新活动，彼此之间发展关系，根据对其他行为主体直接或间接的控制来确定自身的创新行为；行为主体之间合作的目的是控制整个产业网络、利用网络中有价值的创新资源及决定重大创新活动；不同的行为主体拥有不同的关于网络中的资源、活动以及其他行为主体的不同信息，创新网络的组织越紧密，信息和资源就越丰富。

行为：是指产业网络中的行为主体之间由于创新资源的相互使用造成的创新资源的互换和各种交易活动，是对产业网络中各种与创新有关的活动的总称，包括创新的物质、信息、知识、资金、人员等的流动过程，并在创新资源的互换与各种交易过程中伴随着产品价值的增值和价值网络的形成。当几个行为主体之间联合、发展、交换及产生新的创新资源时，行为随之出现。进一步，行为分为两类：一类是由行为主体对资源进行转变和转化，资源的性状发生了变化；一类是在行为主体间传递资源，资源的属主发生了改变。当然，竞争与合作仍然是行为主体之间最基本的行为。

资源：资源是行为主体所拥有的相异且相互依存的资源禀赋，是行为主体完成行为的媒介，包括物质、资金、人才、信息和知识等，在更广泛的意义上，行为主体之间的各种社会和经济关系也形成一种资源。行为主体行为的目的就是转换或转移资源。

产业网络的结构：从不同的角度出发对产业网络的结构会有不同的认识和划分，至今尚未有定论，国内外学者正在此领域展开多角度的研究，研究的角度和出发点不同，对产业网络结构的认知就不同。由于形成产业网络的基础条件和其所处的制度环境不同，产

业网络的行动主体、采取的行为策略以及彼此之间进行交换和共享的创新资源存在着诸多差异，所以产业网络被划分为多种不同的形态：企业集团、虚拟企业、战略联盟、供应链协调、章鱼式下（外）包、产业集群，等等。本书出于研究目的的需要，从产业网络的三个组成要素出发，对产业网络的结构类型进行划分，在第 3 章会详细研究和阐述。

集成创新：集成创新是指创新的融合，这种融合通过利用并行的方法把创新生命周期的不同阶段、流程以及不同创新主体的创新能力、创新实践、创新流程和竞争力集成在一起，从而形成能够产生新的核心竞争力的创新方式，包括技术因素的集成和非技术因素的集成。

产业集成与产业集成创新：产业集成是指特定国家或地区的产业之间通过纵向或横向联系所形成的结合体，它包括核心产业、相关性产业和支持性产业。世界著名管理学家菲利普·科特勒在《国家营销——创建国家财富的战略方法》（Philip Kotler，2001）中指出，产业集成创新是一个国家实现产业能级跃迁和创新型国家目标的重要工具和方法。

内部集成：强调组织的内部知识基础间的匹配、信息单元间的集成。

外部集成：强调组织对其外部知识网络、价值网络的适应以及集成创造。

用户集成：强调组织和市场之间的互相适应和互相学习，旨在促进用户信息和组织的研发环境之间的相互匹配。

政府作用：政府对于产业网络创新活动的作用主要是为了弥补市场作用的不足或称之为“市场失灵”，政府可以采用经济调节、社会管理、市场监管、公共服务等手段来对产业网络的创新活动加以影响和发挥作用，概括起来主要体现在两大方面：一方面是扶持与促进，一方面是规制与协调。

治理结构：新制度经济学家认为，治理分析的贡献不在于提供

一个新的规范理论，而是提供了一个组织框架，治理问题研究的重点在于关注、分析和研究组织中权利的来源、分配及其运行，也即治理结构或治理形式。在绝大多数组织治理研究的文献中，治理和治理结构两个概念是不加区别的。

本书整体的概念框架及关系图如图1—1所示。

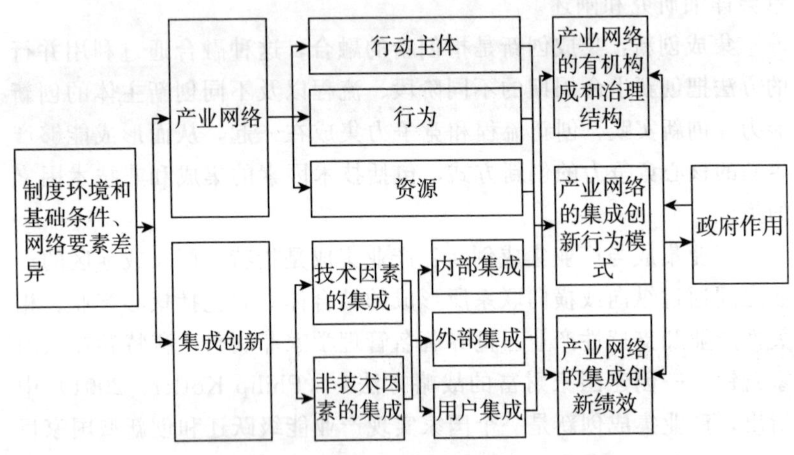

图1—1　本书整体的概念框架及关系图

1.3.2　对研究范围的界定

本书的题目是“产业网络集成创新与政府作用的研究”，围绕本书的研究主题和前面对几个重要概念的说明，本书的研究将聚焦于如下范围：

第一，本书所指的“网络”（Network），是一种网络经济学意义上的网络，具备节点与链接的特征，会产生网络外部性，不区分虚拟网络与物理网络。

第二，本书中所研究的“创新”主要是指“技术创新”，并将“技术进步”和“技术创新”视为等价的概念，是在所有外部条件、制度环境、管理方式不变的情况下，除去劳动和资本之外，对经济增长最重要的因素。

第三，本书在理论研究部分所关注的产业网络是一种广义上的产业网络，没有地域、国别的限制，也不针对某个具体的产业，这样做是为了让理论研究和得出的结论更具有普适性，更有意义。本书仅在实证研究部分，才选择一个网络特征和政府作用都非常明显、非常典型的具体产业作为案例进行研究。

这里所用的产业网络的概念与目前较为流行的产业集群（Industrial Cluster）的区别在于，后者关注的范围局限于一个集群或区域的范围，并且关注的产业较为单一；而前者不受区域等地理概念的限制，并且关注的产业的含义较为广泛，不局限于某个具体产业，不仅指产业内，也包括产业间。

这里所研究的产业网络与企业间网络的区别在于，企业间网络定义为两个或两个以上独立的企业通过正式契约和隐含契约所构成的互相依赖、共担风险的长期合作的组织模式，是一种与企业的科层结构和纯粹的市场机制所不同的企业间的协调形式①，其中缺乏与产业相关的政府部门、高校和科研机构、中介组织以及消费者等行为主体之间的创新互动。而产业网络涵盖上述行为主体，比企业间网络更多元化。

这里所研究的产业网络创新体系与国家创新体系既有联系又有区别。从系统的层面来看，产业网络创新体系是国家创新体系的有机组成部分，是国家创新体系的子系统；但是国家创新体系是以国家为边界的，而产业网络创新体系则可以是区域的，也可以是国家的，甚至可以是全世界范围的。②

第四，本书所研究的集成创新是创新的有效模式之一，这一概念在1.3.1小节已有阐述。集成创新理论是近年来企业为了适应经济快速发展，应对技术复杂性和激烈竞争而产生的一种新的创新模

① 杨瑞龙、杨其静：《企业理论：现代观点》，北京，中国人民大学出版社，2005。

② Malerba F. Sectoral Systems of Innovation and Production [J]. *Research Policy*, 2002 (31).

式，它源于约瑟夫·熊彼特的创新理论与经典管理思想中系统原理的结合。集成创新可以分为技术因素的集成创新和非技术因素的集成创新，本书主要关注技术因素的集成创新，也就是技术集成创新。

在现阶段，我国企业的原始创新能力还不是很强，集成创新显得更加重要。在产业网络中推动集成创新，是我国现阶段应对机遇与挑战，提高自主创新能力，提升产业和企业综合竞争力的新途径。

在我国制定的《国家中长期科学和技术发展规划纲要》(2006—2020年）中，集成创新已经被作为重要创新方式之一上升为我国的国家战略，在促进经济结构调整和产业升级、转变经济发展方式方面发挥着重要作用。

第五，政府和政府作用的概念界定：政府的概念有广义和狭义之分。广义政府等同于国家，包括立法机关、行政机关和审判机关；狭义的政府仅指国家的行政机关。根据管理权限和管理范围的不同，政府又可分为中央政府和地方政府。通常情况下，人们是在广义的范围内应用政府的概念，就是把政府等同于国家，把政府作用等同于国家作用。本书中政府的概念是广义的政府概念，是指一个国家内部拥有最大资源优势，并代表国家行使国家权力，包括立法机关、行政机关和审判机关等在内的所有国家机关。在市场经济条件下，代表国家行使国家权力的政府需要在政治、经济、科技、文化以及国防方面发挥作用，本书所研究的政府作用主要是政府对产业创新的促进、扶持与规制作用，涉及经济和科技方面。促进和扶持就是要对竞争力相对薄弱的产业和市场进行培育，保证薄弱产业具有一定的规模性和成长性，支持民族企业具有克服竞争壁垒、实现竞争力成长所需要的资源投入。政府规制有狭义和广义之分。狭义上的政府规制是指“在以市场机制为主体的经济条件下，以矫正、改善市场机制内在问题为目的，政府干预或干涉经济主体（特

别是企业）活动的行为”[①]。广义上，政府规制包含政府对个人或组织的一切行为的干预与制约。本书主要把政府规制限于狭义领域，即在经济全球化和市场开放的条件下，政府为提升产业网络的创新能力和产业竞争力而采取的克服市场失灵，干预产业网络创新活动的行为。

第六，关于治理结构的定义。“治理”一词源于拉丁语“gubernare”，意思是统治或掌舵。英语中“governance”具有统治、管理、控制和统治方式、管理方式的含义。罗茨（Rhodes. R.，1996）指出，治理在以下六个方面被广泛应用：(1) 作为国家最小范围上的治理，即指国家削减公共支出，利用市场或准市场的方法来提供公共服务。(2) 作为公司治理的治理，即指导、控制和监督企业运行的组织体制。(3) 作为新公共管理的治理，将市场的激励机制和私人部门的管理手段引入政府的公共服务。(4) 作为“善治”的治理，指强调法律、效率、责任的公共服务体系。(5) 作为社会—控制论系统的治理，指政府与民间、公私部门之间的合作与互动。(6) 作为自组织网络的治理，指建立在信任与互利基础上的社会协调网络。[②] 本书的研究内容主要涉及上述 (3)、(5)、(6) 项的治理内涵。

1.4 研究方法、内容与框架

1.4.1 研究方法

1. 规范研究和实证研究相结合

本书采用了规范研究和实证研究相结合的方法，规范分析为引出问题、认识问题和理解问题奠定了基础，而实证分析则为进一步

① 植草益：《微观规制经济学》，北京，中国发展出版社，1992。

② 安纳利·萨克森宁：《地区优势：硅谷和128公路地区的文化与竞争》，上海，上海远东出版社，1999。

剖析问题、解决问题提供了依据。

具体来说，在规范研究方面，本书结合创新经济学理论、网络经济学理论、产业组织理论、新制度经济学理论、演化经济学理论、灰色系统理论等跨学科领域的理论与分析方法对产业网络集成创新与政府作用的主要问题进行理论分析和研究，并且主要运用博弈论、均衡分析及最优化方法等数理分析工具使理论推演过程更加明晰、简洁和精确。

在实证研究部分，典型案例分析是在本书提出的理论框架下进行的，同时也根据所研究的具体产业本身的特点，对理论进行了补充，作为理论推进的必要组成部分。本书选取了中国铁路产业的实际案例和现实经济活动的统计数据，运用案例研究方法、索罗余值法结合灰色系统关联分析方法进行实证研究。由此完成本书理论贡献的佐证和检验过程，进而为理论指导实践奠定了基础。

2. 定性研究和定量研究相结合

产业网络是一个复杂的经济系统。对复杂问题的分析，定性分析是必不可少的步骤；同时，书中还采用数理统计、关联分析等定量分析方法，以求尽可能地反映现实，科学地获得研究结论。

3. 对比分析方法和演化分析方法的结合

本书采用对比分析和演化分析的方法对美、日、法、德等发达国家政府在产业网络技术创新中所发挥作用的实践经验进行了分析，并采用演化分析方法对中国产业创新政策的演进以及中国政府在产业网络集成创新中作用的演进及其主要原因进行了研究。

1.4.2 内容与框架

本书的研究目的在于，试图为“产业网络集成创新与政府作用”的总体研究构建一个“治理结构—集成创新模式（行为）—绩效评价”的完整的、发展了的SCP分析框架，并进一步围绕产业网络内创新活动的主要行为主体——即作为产业网络内创新主体的企业，作为重要的创新参与主体和规制主体的政府展开研

究。所以本书按照先总体、后局部、再总体的研究思路，先从整体上对产业网络及集成创新模式进行研究，构建出了本书的 SCP 分析框架；然后再从局部着手，有重点地选择了企业在产业网络的集成创新活动中经常会遇到的创新先后与竞争合作等策略问题、主体价值和协同价值的权衡问题、技术标准的兼容策略选择问题等三个主要问题并借助动态博弈分析工具进行研究。接下来本书从理论上分析了政府作用的必要性和作用边界，并针对上述三个问题，探讨了政府可能运用的政策工具和能够发挥的具体作用，同时也对我国政府在产业网络集成创新中作用的演进进行了研究。在本书的最后，作者运用前面几章形成的理论分析框架和数量分析方法，选取了网络经济特征、集成创新的外生牵引特征和政府作用都非常显著、非常典型的铁路产业①，从整体上进行实证研究，研究的结果与实际情况相符。本书进行研究的逻辑框架如图 1—2 所示。

① 小艾尔弗雷德·D·钱德勒在《看得见的手——美国企业的管理革命》中对现代工商企业产生和发展历史的研究中提到：现代工商企业首先产生于铁路系统，时间大约在 19 世纪 50—60 年代。因为据他考证，铁路系统最早雇佣专职经理人员协调、管理和评估分散于各地的营业单位的工作，技术的创新与发展使得铁路生产规模迅速扩大，其中的技术与协调工作又是空前复杂的，而这种技术的变革又推动着企业组织形式的创新。而我们在现实中也容易看到，各国铁路系统都是政府管制较多、作用较强的领域，但是各国政府对铁路系统的管制方式和作用方式又有很多不同、效果各异，铁路产业的网络经济特征和集成创新模式的特征也非常明显，所以本书选择铁路产业作为案例进行研究。

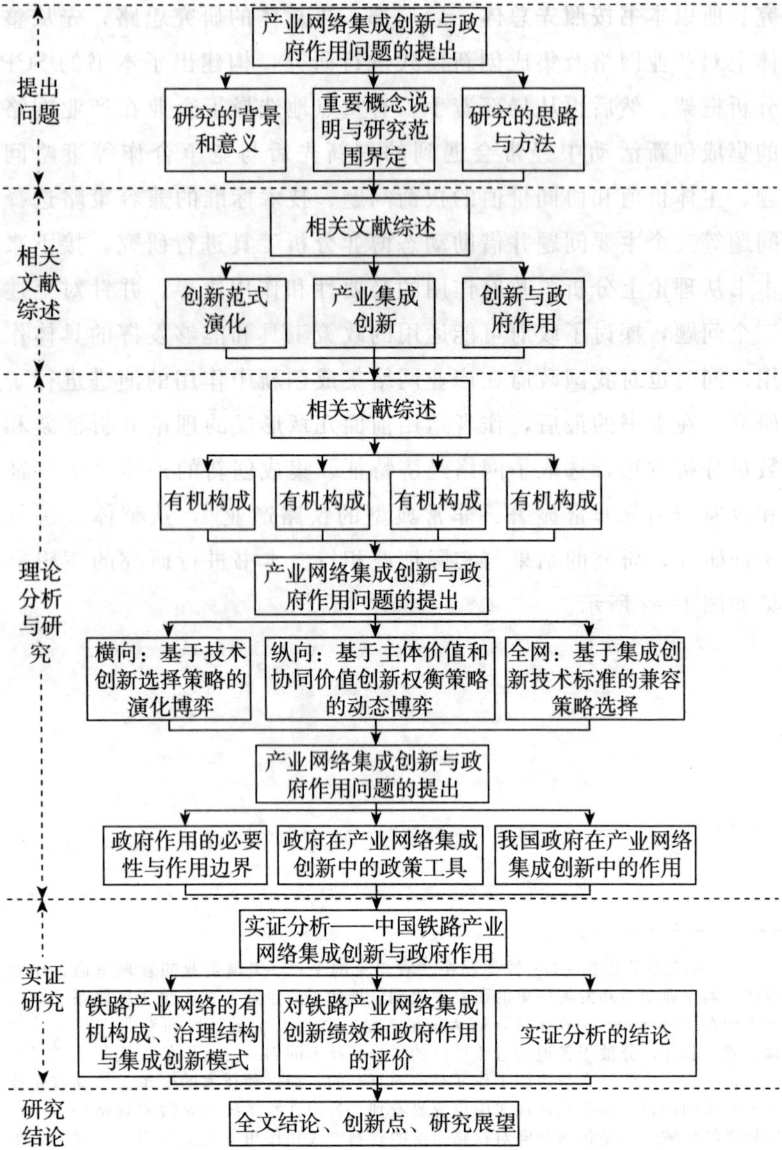

提出问题
产业网络集成创新与政府作用问题的提出
研究的背景和意义
重要概念说明与研究范围界定
研究的思路与方法
相关文献综述
相关文献综述
创新范式演化
产业集成创新
创新与政府作用
理论分析与研究
相关文献综述
有机构成
有机构成
有机构成
有机构成
产业网络集成创新与政府作用问题的提出
横向：基于技术创新选择策略的演化博弈
纵向：基于主体价值和协同价值创新权衡策略的动态博弈
全网：基于集成创新技术标准的兼容策略选择
产业网络集成创新与政府作用问题的提出
政府作用的必要性与作用边界
政府在产业网络集成创新中的政策工具
我国政府在产业网络集成创新中的作用
实证研究
实证分析——中国铁路产业网络集成创新与政府作用
铁路产业网络的有机构成、治理结构与集成创新模式
对铁路产业网络集成创新绩效和政府作用的评价
实证分析的结论
研究结论
全文结论、创新点、研究展望

图 1—2　本书的逻辑框架

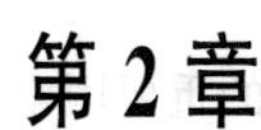

第2章 相关文献综述

2.1 创新与经济的关系及其研究范式的演化

1. 国外的研究发展状况

经济学界对于创新和经济关系的研究，最早可以追溯到1776年英国经济学家亚当·斯密的《国民财富的性质和原因的研究》（简称《国富论》），他在书中提到“生产力的改进取决于两个因素，其一是劳动者劳动能力的改进，其二是劳动者所用机械的改进”。[①] 这里劳动者能力的改进和其所用机械的改进都与技术进步有关，可见斯密当时已经认识到，

① 亚当·斯密：《国民财富的性质和原因的研究（下卷）》，北京，商务印书馆，1988。

除了资本和劳动力之外，技术也是促进经济增长的重要因素之一。

1867年，卡尔·马克思的《资本论》第一卷出版，马克思在《资本论》中对于科学技术的进步和经济发展的关系有许多重要论述，他的基本观点概括起来主要是：科学技术是推动社会经济或生产力发展的基本力量；反过来，社会经济或生产力的发展又决定着科学和技术的发展，即科学—技术—社会经济是相互作用、彼此依赖的辩证发展的过程。

美籍奥地利经济学家约瑟夫·熊彼特非常赞赏马克思对于技术创新和发明的作用的观点，并在马克思的观点的基础上，深入剖析资本主义经济发展过程的各个决定因素，创造性地提出了独特的创新理论，并被公认为是经济学界对创新理论进行系统性论述的发端。1912年，熊彼特以德文出版了其影响深远的著作——《经济发展理论》，他在该书中首次提出了“创新理论”的概念，并以创新理论为核心，系统研究了资本主义经济发展的实质，以及发展过程中的诸多重要因素，预测了经济的长期发展趋势，并以技术创新和经济发展的关系为研究中心，创立了一套独特的经济发展理论体系，他在书中提到把生产要素和生产条件“新组合”引入到社会生产体系的思想被学术界认为是“集成创新”思想的萌芽，熊彼特当时提出的许多观点对当今经济学领域创新的研究仍然具有重要的指导意义。1942年，熊彼特又以英文出版了一本富有创新的著作《资本主义、社会主义和民主主义》，在这本书中，熊彼特强调了垄断企业在创新中具有巨大作用，并提出了技术创新的内生性的思想。随着技术创新越来越为人们所重视，熊彼特的身价也日益倍增。以至于罗森伯格曾这样说过：“21世纪，熊彼特将是最重要的经济学家。”①

但是，耐人寻味的是，古典经济学家亚当·斯密和之后的卡

① N. Rosenberg. *Inside the Black Box* [M]. London: Cambridge University Press, 1982.

尔·马克思都高度重视技术创新，但之后的经济学家们却背离了这一传统。熊彼特的许多真知灼见，也长期被人忽视，直到 20 世纪五六十年代，以微电子技术为核心的新一轮科技革命，为西方带来了长达 20 年的经济高速增长“黄金期”，传统经济学中仅用资本和劳动等要素很难对此现象加以解释。在此情况下，时代才又一次将技术创新推上经济学舞台，故有的经济学家称五六十年代是技术创新的复兴时代。这个时期之后出现了以索罗（R. M. Solow）和阿罗（K. J. Arrow）等为代表的新古典学派，以谢勒尔（F. M. Scherer）、爱德华·曼斯菲尔德（E. Mansfield）、莫尔顿·卡米恩（M. Kamien）和施瓦茨（N. Schwartz）等为代表的新熊彼特学派，以兰斯·戴维斯（Lance Davis）和道格拉斯·诺思（Douglass C. North）等人为代表的新制度学派和以弗里曼（C. Freeman）和纳尔逊（R. Nelson）为代表的国家创新体系学派四大学派。技术创新的新古典学派（R. M. Solow，1957；Arrow，1962 等）认为技术创新是经济增长的内生因素，技术同其他商品一样存在外部性等市场失灵的可能，因而需要政府干预，政府的干预会极大地促进创新，并建立了测度技术创新对经济增长贡献率的索罗模型。技术创新的新制度学派（Lance Davis and Douglass C. North，1971）认为只有建立起能保护人们进行技术创新的产权制度，提高创新者收益，才能使技术创新可持续，好的制度能保护技术创新，否则会阻碍或扼杀技术创新。新熊彼特学派（N. Rosenberg，1982；F. M. Scherer，1986）强调技术创新和技术进步对经济的重要作用，对企业的组织行为、市场结构等因素对技术创新的影响进行了重点研究，提出了技术创新扩散模型、创新周期模型等经济理论模型。[①][②] 1992 年，OECD 指出，技术创新包括新产品和新工艺，以

① F. M. Scherer. *Innovation and Growth: Schumpeterian Perspectives* [M]. MIT Press Books，1986.

② 参见吴贵生、谢伟：《我国技术管理学科发展的战略思考》，载《科研管理》，2005 (6)。

及产品和工艺的显著的技术变化，如果在市场上实现了创新，或在工艺中应用了创新，那么就可以认为创新已被完成。[①] 国家创新体系学派的代表人物弗里曼[②]和纳尔逊[③]（C. Freeman，1987；Nelson，1993）认为国家创新体系对优化创新资源配置起到重要作用，政府可以更好地发挥作用，从而引导和激励企业、高校和科研机构、中介机构之间的互动与影响，从而促进科技知识的生产、扩散与应用，但是弗里曼和纳尔逊的研究仅局限于一国范围内而没有对不同国家的创新体系进行比较研究。弗里曼在提出国家创新体系的同时也提到了创新网络的概念，但并未深入展开论述。

实际上，在 20 世纪 80 年代，学者们在技术创新研究的过程中，已经逐渐意识到外部信息的交换与协调对于技术创新具有重要作用，可以克服单个企业技术创新能力的局限并降低单个企业技术创新中的不确定性和风险。此后，对于技术创新研究的视野从一个企业和组织的内部扩展到了企业与外部环境之间的联系与互动，从而导致了对技术创新研究的网络范式的兴起。1987 年，哈坎森总结出产业网络的三个基本要素：行为主体、行为和资源[④]，此后有不少学者对于创新网络的研究也围绕着这三要素展开。1989 年，K. Imai 和 Y. Baba 在法国巴黎召开的科学技术与经济增长的学术会议上，提出网络组织对于系统性创新是一种有效的制度安排的观点[⑤]，之后陆续有一些学者提出了创新网络的概念。而我们现在所引用的创新网络的概念基本都来自于弗里曼 1991 年在创新研究领

---

① OECD 组织：《技术创新统计手册》. 北京，中国统计出版社，1993。

② C. Freeman. *Technology and Economic Performance*: *Lessons from Japan* [M]. London，Printer Publishers. 1987.

③ Richard R. Nelson. *National Innovation Systems*：*A Comparative Analysis* [M]. New York：Oxford University Press，1993.

④ H. Hakansson. *Industrial Technological Development*：*A Network Approach* [M]. London：Croom Helm，1987.

⑤ K . Imai，Y. Baba. Systemic Innovation and Crossborder Networks：Transcending Markets and Hierarchies to Create a New Techno-economic System. [C]. Conference on Science Technology and Economic Growth. Paris，June 1989 (6).

域最重要的学术刊物“*Research Policy*”上发表的研究专集“Networks of Innovators：A Synthesis of Research Issues”中提出的观点，弗里曼在文中完全等价地使用“创新网络”和“创新者网络”的概念，他认为在众多学者提出的概念中只有 Imai 和 Baba 提出的概念抓住了创新网络的关键要素。弗里曼将其进一步发展之后提出了 10 种“创新视野中的网络类型”：分别是合资企业和研究公司、技术交流协议、合作研发协议、技术因素推动的直接投资（少数控股）、生产分工和供应商网络、许可证协议与分包、政府资助的合作项目研究、研究协会、供信息交换的计算机数据库和增值网络、其他类型以及非正式网络，并指出上述这些网络类型并不相互排斥，许多企业都在同时采用上述多种类型的网络甚至是每种类型下再嵌套不同类型的子网络。[①] 哈里森（Harrison，1992）在研究了产业集群内企业与机构在本地结成网络的重要性之后，提出了产业集群内企业“创新相互依赖”的假设，指出了创新网络对于集群发展的重要性。马修（Marceau，1997）对澳大利亚的研究支持了“创新相互依赖”的假设，并揭示了不仅企业间密切联系对于创新的重要性，更进一步揭示了产业间密切联系对于创新的重要性，马修认为只有很少的创新是来自于企业内部的独立研发，而大多数创新是来自于企业或产业间的知识流动和相互学习。[②] 布里托（Britto，1999）分析了网络环境下企业竞争的决定因素，并从技术复杂性的角度对企业间的合作网络进行了分类。[③] 库克（Cooke，2001）认为由于集群组成结构和开放性的不同，会产生不同结构的创新网络，在存在大企业的创新网络中，大企业将对外包系统网络和合作创新网络产生很大影响，并且大企业从创新网络中的获益会

① C. Freeman. Networks of Innovators：A Synthesis of Research Issues [J]. *Research Policy*，1991，20（5）：499－514.

② F Deroïan. Formation of Social Networks and Diffusion of Innovations [J]. *Research Policy*，2002，31：835－846.

③ Belussi Fiorenza，Luciano Pilotti. Knowledge Creation，Learning and Innovation in Italian Industrial Districts [J]. *Geografiska Annaler*，2002，84（2）：125－139.

大于中小企业，大企业的研发也会对集群和区域创新网络产生重大影响。[①]

2. 国内的研究发展状况

谢燮正（1995）认为自主创新需要经过由技术发明到技术应用的过程，要能够结合市场和生产的实际需要，使创新成果逐步成熟到适合应用于实际生产并得到市场的普遍认可和接受。[②] 盖文启（2002）是较早对区域创新网络进行研究的学者之一，他总结了区域创新网络的基本特征，阐述了区域创新网络的理论基石，他认为区域经济成功的关键是区域内企业、企业间以及企业与其他行为主体之间结成的合作网络，使得劳动力、资本、信息等生产要素以及新知识、有价值的信息能够在网络中顺畅地传播。[③] 魏江（2003）研究了产业集群技术学习的途径、学习的动力机制和范式，分析了产业集群技术创新能力的增长机理，总结了我国东部地区产业集群的发展状况，并以柳市低压电器集群为案例，实证研究了我国传统产业集群创新网络的组成和运行机制。[④] 张伟峰和万威武（2004）认为创新网络是一种有利于创新的组织形式，是通过参与创新的行为主体之间的相互作用，集成各行为主体的资源而形成的一种网络关系，其目的是为了新产品的创造或既有产品的改进。[⑤] 王大洲（2006）提出，创新网络是在技术创新过程中围绕企业而形成的各种正式和非正式的关系结构的综合，它是各种正式和非正式联系的

---

① Philip Cooke. From Technologies to Regional Innovation Systems: the Evolution of Localized Technology Development Policy [J]. *Canadian Journal of Regional Science* 2001，24：21－39.

② 参见谢燮正：《科技进步、自主创新与经济增长》，载《软科学》，1995（5）。

③ 参见盖文启：《创新网络——区域经济发展新思维》，北京，北京大学出版社，2002。

④ 参见魏江：《产业集群——创新系统与技术学习》，北京，科学出版社，2003。

⑤ 参见张伟峰、万威武：《企业创新网络的构建动因与模式研究》，载《研究与发展管理》，2004，16（3）。

体现，适应了创新过程中企业对于知识的需求。[①] 史修松和徐康宁（2007）认为创新网络是由一定地域范围内参与创新的行为主体（企业、政府、高校和科研院所、中介机构、金融服务机构，等等）在交互、合作与协同创新中形成的稳定的、有助于促进创新的各种正式和非正式的关系的总和。[②] 叶文忠和刘友金（2007）在研究了产业集群的创新优势之后，发现集群创新网络能够促进集群的创新能力和区域竞争力的提升。集群创新网络能够提高创新的物质基础，形成创新的动力机制，降低创新的风险，促进创新成员的合作，加快创新速度，在上述这些方面影响着产业集群的创新。[③] 田钢和张永安（2008）运用复杂适应系统理论，通过刺激—反应模型和回声模型等模型工具，深入研究了形成产业集群创新网络的动力机制和合作机制，在深入剖析产业集群创新网络的特征、影响因素和合作条件之后，给出促进产业集群创新网络快速发展的政策建议。[④] 任重（2009）在研究了创新网络的模块化和可分解性之后，得出了创新网络的本质特征是权限和关系的相互依赖，创新网络的治理结构是一种有门槛的进入，创新网络节点之间的链接代理对于创新网络的演进具有决定作用。[⑤] 田钢和张永安（2010）认为产业集群创新网络属于复杂自适应系统，并在模拟了产业集群创新网络的演化之后，认为产业集群创新网络的简化具有小世界和收敛性特征。[⑥] 庞俊亭和游达明（2012）通过对复杂网络三种常见结构模型

---

① 参见王大洲：《企业创新网络的进化机制分析》，载《科学学研究》，2006，24（5）。

② 参见史修松、徐康宁：《基于创新网络的建筑业竞争力分析》，载《统计与决策》，2007（19）。

③ 参见叶文忠、刘友金：《集群式创新网络与区域国际竞争力分析》，载《湖南科技大学学报》，2007（2）。

④ 参见田钢、张永安：《集群创新网络演化的动力和合作机制研究》，载《软科学》，2008（8）。

⑤ 参见任重：《论创新网络的结构及治理》，载《情报杂志》，2009（11）。

⑥ Tian Gang，Zhang Yongan. Dynamical Model and Simulation for the Evolution of Industrial Cluster Innovation Network [J]. *Science Research Management*，2010（01）.

的分析，运用产业集群创新网络结构理论揭示出产业集群创新网络具有小世界和无标度的特征，并分别分析了产业集群受到外力干扰时具有的稳健性和脆弱性，说明了产业集群创新网络是一种整合创新资源的有效方式，是一种有利于产业集群提高创新能力的创新合作体系。①

随着互联网的兴起，学者们又陆续对互联网时代的创新网络进行了研究，但互联网仅仅是加速了知识和技术交换与扩散的速度，并未在经济学意义上改变创新网络的本质。

2.2 产业集成创新

1. 国外的研究发展状况

从前面对创新理论的回顾来看，虽然熊彼特的创新理论已经有了集成创新的萌芽，并且1997年美国西北大学著名管理学家菲利普·科特勒教授也在其著作《国家营销——创建国家财富的战略方法》中提到："产业集成创新是一个国家实现产业升级和创新型国家战略的重要方法"②，但是，从文献发展的脉络看，直到1998年，"集成创新"的正式概念才由美国哈佛大学商学院教授马可·因赛德（Marco Iansiti，1998）在其代表作"Technology Integration"中首次提出。马可·因赛德在研究了美国的计算机产业之后，从技术集成的角度对集成创新做了定义："技术集成就是通过组织过程把有利于技术创新的资源、工具、方法等集成起来进行应用"，"集成创新就是以创造可供技术使用的资源和可供技术应用的关联环境之间的匹配为目标的调查、评估和提炼的活动的集合"，并提出"技术集

① 参见庞俊亭、游达明：《基于复杂网络视角的集群创新网络特性研究》，载《统计与决策》，2012（02）。

② Kotler Philip. *The Marketing of Nations：A Strategic Approach to Building National Wealth* [M]. New York：Free Press，1997.

成管理能够更好地应对技术创新的不连续性”。可见马可·因赛德的集成创新概念中包括了技术集成和管理集成的思想。大卫·梯斯(David J. Teece，1999）认为产业内企业和其联系的外部组织之间组成的正式的或非正式的结构，对创新的速度和创新的方向有重要的影响，必须有一种适合的创新模式与其对应，这种模式就是集成创新。[1] 阿瑟穆和伊萨克森（BT. Asheim and Arne Isaksen，2002）在研究了挪威的造船、机械工程和电子工业三个区域集群企业之后指出，区域产业的发展和竞争力的增强不仅要依赖于区域集群的资源和协作网络，更需要集成本地的、外部的和世界级的知识进行创新。[2] 塞斯塔、托马斯和鲍茨（Shaista E. Khilji，Tomasz Mroczkowski，Boaz Bernstein，2006）提出了创新的综合观点，指出综合创新需要以市场为导向，建立适当的组织能力，制定有效的合作方式，并在总体战略下进行平行互动的创新和综合集成，有助于提高创新的成功率和效率，并将其用于具体的生物产业创新模式的研究。[3]

2. 国内的研究发展状况

国内学者已经逐渐认识到，在技术创新过程中，将各种要素进行集成是保证技术创新效率和效果的重要条件。中国人民大学的李宝山教授等人 1998 年出版的《集成管理——高科技时代的管理创新》一书，是“企业技术创新管理与增长方式转变研究”项目的重要研究成果。他们在书中对集成和集成度等概念有比较

① David J. Teece. Firm Organization，Industrial Structure，and Technological Innovation [J]. *Journal of Economic Behavior & Organization*，1999，31（2）：193－224.

② B. T. Asheim and Arne Isaksen. Regional Innovation Systems：the Integration of Local ‘Sticky’ and Global ‘Ubiquitous’ Knowledge [J]. *The Journal of Technology Transfer*，2002，27（1）：77－86.

③ Khilji S. E.，Mroczkowski T. and Bernstein B. From Invention to Innovation：Toward Developing an Integrated Innovation Model for Biotech Firms [J]. *Journal of Product Innovation Management*，2006（23）：528－540.

全面的阐述。[①] 石定寰和柳卸林（1998）认为知识是知识经济时代最重要的生产要素，国家创新体系是集知识生产、流动和使用的有效的框架，是对创新系统各要素进行有效集成的制度体系，并认为要加强产学研合作。他们从不同的角度和层次对集成创新进行了论述，提出了许多非常有价值的观点。[②] 田丹和张米尔（1999）认为外部技术获取口径的宽窄直接影响到集成创新绩效的高低，系统集成能力对集成创新具有重要影响。陈劲是我国研究科学学和创新学的著名学者，他与许庆瑞（1999）合著的《企业创新系统的研究》，以及与江辉（2000）合著的《集成创新模式、评价与案例》，提出集成创新包括技术集成、组织集成、知识集成三大方面的创新，是三方面的综合集成，并首次提出了企业集成创新战略模式，为企业从模仿到创新的过程转变提供了理论指导。张华胜、薛澜（2002）认为随着市场竞争的激烈、复杂和不确定性的增强，导致了集成创新这种新的技术创新模式的出现。两位学者认为，集成创新主要应该关注需要什么创新元素、元素如何整合、采用什么样的原则进行整合等问题，并在不同层面讨论了一体化创新模式的应用，得出集成创新对中国经济发展具有重要影响的结论，并给出了相应的政策建议。[③] 西宝、杨廷双（2003）认为随着全球化、信息化和电子商务的迅速发展，集成创新已成为提高核心企业竞争力和维持企业持续优势的关键。集成创新的重点是通过具体方法上的创新，集成资源，整合能力，提高创新在水平、垂直、生命周期三个维度上的竞争力，形成开放和互动的创新体系。[④] 慕玲和路风（2004）认为集

① 李宝山、刘志伟：《集成管理——高科技时代的管理创新》，北京，中国人民大学出版社，1998。

② 参见石定寰、柳卸林：《建设我国国家创新体系的构想》，载《中国科技论坛》，1998（5）。

③ 参见张华胜、薛澜：《技术创新管理新范式：集成创新》，载《中国软科学》，2002（12）。

④ 参见西宝、杨廷双：《合作集成创新：概念、方法与流程》，载《中国软科学》，2003（6）。

成创新的关键是以市场需求为导向和起点，以开放的方式进行产品构建和企业互动，从而集成各种各样的技术资源，以此来获得更好、更快地提高产品开发绩效和生产率。因此，研究集成创新的重点应该放在技术的供给与需求之间的匹配，而不是放在各种供给要素的集成、融合与匹配。李文博和郑文哲（2004）提出了基于技术、战略、知识、组织四个集成层面的集成创新联接层面模型，企业集成创新系统四个层面之间的协同关联是非常复杂的和非线性的。总之，技术层面的集成是集成创新的基础，战略和知识层面的集成是集成创新的保证，组织层面的集成则是实施技术集成、战略集成和知识集成的关键。张贵、周立群（2005）以产业为“轴线”引入集成思想，研究了在信息时代的背景下，我国如何通过产业集成化创新实现产业国际化的战略问题，突破了以要素为基础的产业发展方式，对产业关系和产业发展的趋势和特点给出了新的判断和解释。许庆瑞（2007）在《全面创新管理：理论与实践》中阐明了全面创新管理的背景、源头、基本内容、形成基础、机制和过程，是企业集成创新管理理论的雏形。[①] 杨瑾（2008）从创新动力学的角度出发，对产业集群环境下现代生产性服务业的特征进行了比较深入的研究，以系统动力学为基础为生产性服务业构建了集成创新的框架，并分别提出了阐述专业服务型、战略管理型、客户导向型、虚拟经济型四种生产性服务业的集成创新模式。[②] 李萍、郑志民、杨锐（2009）系统研究了农产品产业集群与集成创新的概念、内涵及相互关系，通过对当地具体花卉产业集群的观察研究，得出结论：产业集群能够与技术集成创新良性互动、相互促进。[③] 王国红、邢蕊、唐丽艳（2010）基于知识场的角度对产业集成创新进行

---

① 许庆瑞：《全面创新管理：理论与实践》，北京，科学出版社，2007。

② 参见杨瑾：《产业集群环境下生产性服务业集成创新模式分析》，载《科学学与科学技术管理》，2008（10）。

③ 参见李萍、郑志民、杨锐：《技术集成创新与陈村花卉产业集群演进》，载《广东农业科学》，2009（6）。

了研究，他们认为产业相关主体之间总能够以动力或阻力的方式影响产业的集成创新，所以他们就借助于物理学“场”的思想引入了知识能、知识流和知识场的概念，对产业集成创新的微观过程进行分析，并给出了基于知识场的产业集成创新作用力模型，以及产业集成创新的演化路径和对演化路径进行优化的模型，为研究产业网络创新活动的发展提供了新的视角。[①]

2.3 创新与政府作用

1. 国外的研究发展状况

政府在创新中的作用，是经济学研究的一个重要话题。阿罗（Arrow，1962）认为政府应针对市场失灵造成的创新激励不足问题采取政策支持，包括研发投入的财政刺激政策，针对创新主体激励不足的人才政策、专利政策等。[②] 弗里曼在深入研究了第二次世界大战后日本经济迅速崛起的原因之后，最早提出了国家创新体系的概念，指出某一个国家在其发展经济和跨越赶超的过程中，需要政府的视野和眼光具有长远性和动态性，要能够不断发现优化资源配置的机遇，以推动产业结构升级和企业技术创新，仅仅依靠自由竞争的市场经济是远远不够的。[③] 在弗里曼提出了国家创新体系的概念之后，关于政府在产业创新中的作用受到了许多学者的关注。迈克尔·波特（Michael E. Porter，1990）在其《国家竞争优势》一书中，把创新的微观和宏观机制相结合，并指出国家竞争优势正

① 参见王国红、邢蕊、唐丽艳：《基于知识场的产业集成创新研究》，载《中国软科学》，2010（9）。

② K. Arrow. Economic Welfare and the Allocation of Resources for Invention [C/OL]. The Rate and Direction of Inventive Activity: Economic and Social Factors. 1962: 609 - 626. http://www.nber.org/chapters/c2144 .

③ C. Freeman. *Technology and Economic Performance: Lessons from Japan* [M]. London: Printer Publishers, 1987.

是来源于不断的技术创新，政府的职能在于为企业的创新提供适宜的、鼓励创新的环境，以增强企业的创新行为。[①] 国家创新体系理论的另一个主要创始人纳尔逊（Richard R. Nelson，1993）更强调制度结构的变化与适应的重要性，要求政府通过制度安排实现技术的多元性，在他的理论中从事科学生产的高校、其他公共科研机构以及提供制度安排的政府都构成了国家创新体系的重要组成部分，政府可通过政策保证、技术支持、资金支持促进企业的创新行为。[②] OECD（1997）的定义与弗里曼等人的观点相悖，认为企业等市场经济的主体是国家创新体系的重要组成部分，创新是不同主体和机构间复杂的相互作用的结果。[③] 伦德瓦尔（Bent-Ake Lundvall）的理论更侧重于从微观层面论述国家创新体系，他着重分析了国家边界是如何对技术创新绩效发挥作用的，他更强调企业和个人在微观领域的互动作用对于技术创新绩效的影响，他认为政府的职能仅仅是为企业和个人的创新活动营造良好的环境，提高创新主体的创新效率。[④] 美国竞争力委员会（2004）认为，创新应从关注创新投入转向关注创新产出，政府的作用主要是创造创新生态环境，建立鼓励创新的政策体系。[⑤] 阿格依奥（Aghion，2009）等使用系统理论的方法对产业创新政策与经济增长间的动态关系进行研究，并与演化经济学、新熊彼特创新经济学等的研究方法相对比，将理论研究和实际创新政策的制定相结合。

2. 国内的研究发展状况

郭建平（2003）提出主要工业化国家的政府普遍越来越重视发

① 参见郑传锋：《国家创新体系建设中的政府职能定位》，载《经济师》，2003（5）。

② Richard R. Nelson. *National Innovation Systems: A Comparative Analysis* [M]. New York: Oxford University Press, 1993.

③ OECD. *National Innovation System* [M]. Paris, 1997.

④ Bent-Ake Lundvall. *Nationl System of Innovation: Towards a Theory of Innovation and Interactive Learning* [M]. London: Printer, 1992.

⑤ 左学金、陈伟：《上海经济发展报告》，北京，社会科学文献出版社，2008。

挥产业基础、共性技术基地，特别是国家实验室的作用，美、德、韩等国为产业基础、共性技术的研究机构投入大量的基础基金，以稳定研究队伍和保证产业前瞻性研究。柳卸林（2004）、李连仲（2007）等分别就国家创新体系、完善政府创新支持政策、提高企业自主创新能力等做过分析，认为政府与企业在创新中要处理好主导与主体的关系。李纪珍（2005）认为共性技术的供给同时存在"市场失灵"和"组织失灵"，因此需要政府干预。周振华（2006）和范柏乃（2004）等就上海科技创新的政策措施以及建设创新城市的国际经验、发展举措和突破口等作了具体论述。上述研究意在厘清自主创新的主要瓶颈和政府支持自主创新的路径，为政府制定自主创新支持政策和体制改革做了理论支撑。上海市科学技术委员会（2007）认为，政府科技公共服务能力亟待提高，产学研合作机制亟须突破。[①] 艾兵和陈晓红（2008）从宏观的角度，选取政府采购、居民消费支出、全社会固定资产投资、出口总额、居民消费支出等五个处于同一层次的影响技术创新的因素，运用"灰色理论"通过实证分析，从横向对比中，着重分析政府采购水平对自主创新的影响效果。白玲（2009）认为，目前中国的国家创新体系应该是指由政府通过宏观的政策引导并提供保障及相关服务，以加强企业、高等院校、研究机构、中介服务组织、金融机构等创新主体之间的合作，推动这些创新主体积极发展技术创新、服务创新、组织创新、制度创新等创新行为的一整套制度安排，政府部门在国家创新体系中还必须独立或者参与一些难以直接由市场实施的创新行为，以提升一国的创新意识，加大一国的创新力度，以创新带动企业、产业乃至国家的发展，从而提升该国的国际竞争力，以求在全球的经济竞争中占据有利位置。[②] 刘毅（2010）通过对区域产业集群创新的研究，将政府对于产业集群创新的扶持政策分为财政性政

① 陈勇鸣、陈辉：《创新的瓶颈与突破》，上海，上海人民出版社，2010。

② 白玲：《技术创新与产业竞争力研究》，北京，经济管理出版社，2009。

策和扶持性政策，指出政府对于产业创新的扶持政策应随着产业的发展而动态调整，以使政府的政策更贴近于产业创新实际。① 田小平（2011）认为政府在科技创新中的首要作用是做好科学规划、明确科技创新的发展目标和战略，制定产业的发展方向、基础设施、空间布局、金融体系、人才战略等，政府要在制度的框架内保证管理的权威性，又要尽量采用市场手段保障各方的合法利益，减少对科技创新的直接干预。②

2.4　简要评述

从上述研究可以明显看到，从熊彼特正式提出创新理论到现在，关于创新的研究已经由线性范式发展到了网络范式。但是除了弗里曼和纳尔逊在对国家创新体系进行研究的时候，将创新网络的研究扩大到了国家的范围并重视国家对创新网络的作用之外，更多的学者关于创新网络的研究仅停留在产业集群的范围或区域的范围。虽然也很关注政府作用对于创新网络的影响，但是在产业集群和产业层面的系统的研究还比较缺乏。

从国内学者的研究情况来看，现有的研究成果更侧重于对创新理论、创新网络理论、产业集成创新理论的应用研究。在政府对创新网络的作用等方面的研究同国外学者的情况相似，也是更多地侧重于对国家层面、区域层面、企业层面或者是对产业集群范围内政府作用的研究，很少有学者针对产业网络的创新活动来研究政府在其中的作用问题，也很少有学者对产业网络的治理结构及其相应的

① 刘毅．“内生式”低壁垒产业集群创新中的政府扶持策略研究［D］．重庆大学，2010。

② 参见田小平：《科技创新中的政府作用》，载《北京观察》，2011（9）。

集成创新模式进行分类和系统地研究。本书正是针对这一研究空白进行了一些探索性的研究，期望能够对创新网络的研究体系有所补充，能使创新网络的研究体系更加完整。当然这一研究更多的还是从经济学的角度来展开的。

本书在研究过程中使用到了技术创新理论、产业创新系统理论、产业组织相关理论、网络经济学相关理论、新制度经济学相关理论、演化经济学相关理论、政府作用相关理论、灰色系统理论等多种经济学和管理学的理论，有些理论会在具体运用之前进行简单说明，有些理论已被广大经济学者所熟悉，限于篇幅，这里不再赘述。

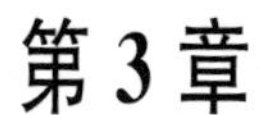

第3章 产业网络集成创新系统与创新模式

研究产业网络集成创新系统，首先要研究该系统的有机构成，然后在有机构成的研究基础上再探索其治理结构和集成创新模式。对于产业网络集成创新系统的有机构成，本章主要从要素构成和功能层次构成两大部分进行研究。当然，正是由于产业网络中各个行为主体的地位和作用不同，行为主体间链接关系的不同，行为主体拥有的资源和受到的约束不同，才形成了产业网络的异构性和多元化，形成了产业网络不同的治理结构及多样的集成创新模式。对于产业网络集成创新系统的治理结构，本章将始终围绕基础条件和制度环境、产业网络的发展阶段以及网络核心层是否受外界干预等维度展开研究。产业网络不同的治理结构类型以及企业集成创新的不同动因必然会导致不同的集成创新模式。本章的研究内容将为后续研究企业在产业网络集成创新中的策略选择及演化以及政府在产业网络集成

创新中的作用两大部分内容奠定基础。

3.1 产业网络集成创新系统的有机构成

3.1.1 产业网络的构成要素及作用

瑞典著名经济学家哈坎森早在1987年就提出：产业网络应该由行为主体、行为、资源三个基本要素组成。① 基于哈坎森的观点，本书将从产业网络的三要素理论出发，对产业网络的要素构成及各类要素在集成创新中的作用进行理论分析和总结。

行为主体是产业网络的核心要素，能够控制资源并完成相应的行动，它不仅包括作为创新主体的企业，还包括政府部门和行业协会、高校和科研院所、金融机构、中介服务机构以及用户等，各个行为主体通过相应的行动和资源利用产生交互关系，构成网络，网络组织越紧密，信息量就越大。不同的行为主体行为方式不同，掌握的网络资源和其他行为主体的信息也不相同，各个行为主体之间合作的目的就是为了控制整个产业网络，利用产业网络中有价值的资源决定重大的创新活动，而这种创新活动多以集成创新的方式进行。

行为是指行为主体在产业网络中进行各种创新和市场活动的总称，具体指行为主体间进行与创新有关的知识、信息、技术等智力资源交换、转化、流动和扩散的过程，在这些过程中伴随着各种价值的增值和价值链的形成。② 当若干行为主体间联合、发展、传递、转换及产生新资源时，行为即随之出现。在此过程中伴随着方向明确的集成创新活动的开展，新的、更高层次的集成创新成果会

---

① Hakansson. *Industrial Technological Development: a Network Approach* [M]. London: Croom Helm, 1987.

② 参见黄守坤、李文彬：《产业网络及其演变模式分析》，载《中国工业经济》，2005（4）。

快速涌现，从而实现增值并形成产业网络中的价值网络。从资源的角度可以把行为分为两类：一类是由行为主体对资源进行转变和转化，资源的性状发生了变化；一类是在行为主体间传递资源，资源的属主发生了改变。当然，行为主体间最基本的行为仍然是竞争与合作。

资源是行为主体完成各种创新行为的媒介，是行为主体所拥有的不同且互相依存的资源禀赋，包括物质资源（机械设备、原材料、金融等）、非物质资源（人力、知识、信息、技术等），在更广泛的意义上，行为主体之间的竞争、合作、交易等关系也是一类资源。行为主体进行各种创新行为的目的就是进行资源转化和集成。

产业网络的三要素间是互相联系、缺一不可的，它们的相互交织形成网络。产业网络的三要素图如图 3—1 所示。

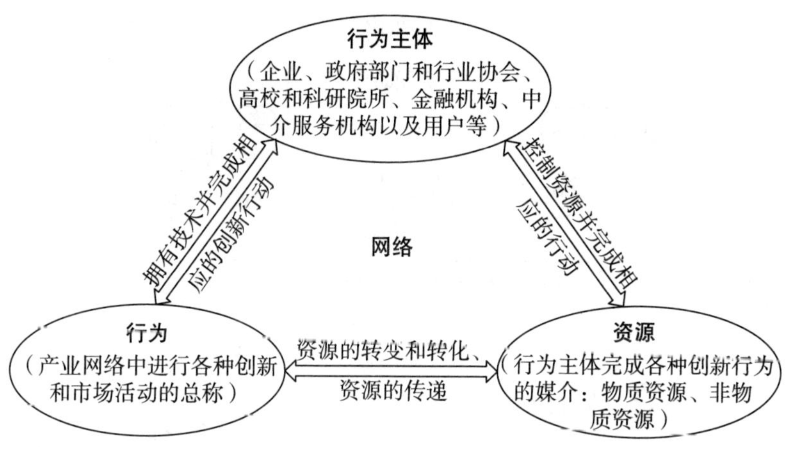

图 3—1　产业网络的三要素图

3.1.2　产业网络集成创新体系的层次与功能

在产业网络的集成创新活动中，各个行为主体在相互作用中彼此建立起相对稳定的、能够促进集成创新活动的、正式或非正式的关系；并且由于各个行为主体的功能不同，核心能力不同，在集成创新过程中发挥的作用不同，从而构成了产业网络集成创新体系的不同功能层次。基于此，本书将产业网络划分为两大类，一类是基于正式契约而形成的正式网络，一类是基于社会文化背景而形成的非正式网络；进一步地，又将正式网络划分为核心层网络、辅助层网络两个层次，非正式网络则包括了由社会文化、习俗、人际关系、规范、地理历史环境等原因形成的无形的创新网络，是产业网络的外围层网络。在产业网络内，正式的和非正式的产业网络并非孤立存在的，而是相互作用，共同促进产业网络中集成创新活动的开展。

本书根据产业网络集成创新体系的功能层次划分，绘制了直观结构图，如图 3—2 所示。

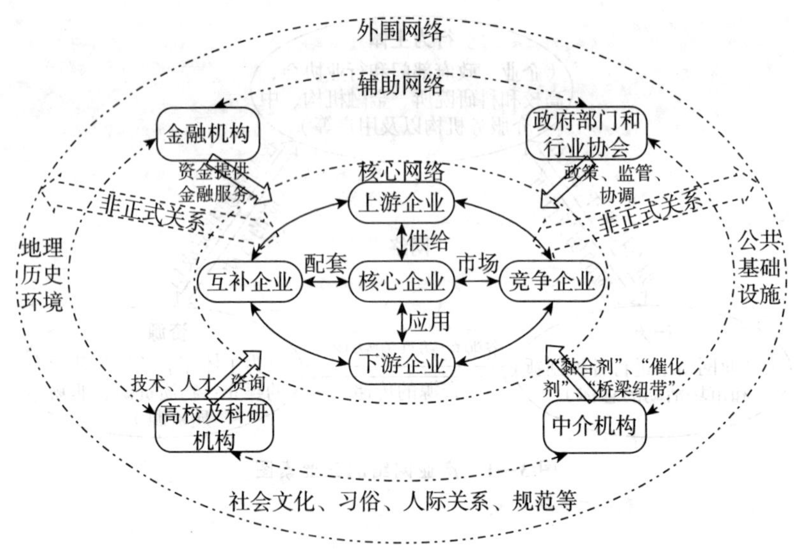

图 3—2　产业网络集成创新网络功能层次与体系结构

1. 核心层网络

企业作为产业网络集成创新体系核心网络层的主要行为主体，同时也是集成创新活动的主体，是集成创新系统中最为核心的组成要素。但是，因为任何一个企业都无法独自满足全部市场需求，也很难独自完成所有创新环节，特别是随着科学技术的飞速发展以及专业分工的精细化，任何一个企业都无法囊括所有的创新资源和创新要素，所以企业之间需要展开合作，集成创新成为企业间实现快速创新的最适宜的创新模式。企业间广泛存在的共性和互补性资源与优势也为产业网络内的集成创新活动提供了物质条件。

第 2 章已经讲到，集成创新可以分为纵向集成创新、横向集成创新和网络化集成创新。其中纵向集成创新是基于产业链的，具体表现为核心创新企业和上下游企业间的合作；横向集成创新是基于知识和资源交换或共享的，具体表现为核心创新企业与互补企业、竞争企业之间的合作。因此本书主要从核心创新企业与上游供应商、与下游客户企业、与横向企业等三个方面的合作来分析。

需要说明的是：这里所说的上游企业、核心企业、下游企业等称谓只是为了行文方便而进行的命名，都是相对的概念。实际在产业网络集成创新系统中企业的地位和作用会随着产业网络结构的不同、关注的集成创新的重心不同而发生变化，在一种集成创新系统中的上游企业可能会是另一种集成创新系统中的中游企业或下游企业，依此类推。

（1）核心创新企业与纵向上下游企业间的关系。

专业化分工与合作是产业网络的重要特征。产业网络内的很多企业都专注于本企业最擅长的方面即核心竞争力，而将相对来说辅助的部分、低附加值的部分或不擅长的部分外包，这就形成了相对于核心创新企业来说属于上游的原材料供应商、零部件供应商、设备供应商等；以及属于下游的装配总成企业、授权经销商、特约服务商，乃至最终客户。这一方面是基于比较优势的原理，另一方面，企业也是期望通过关注核心竞争力来达到规模量产、降低成

本，即达到规模经济。同时，上游供应商在其核心领域的深入创新和前瞻性的探索活动又能惠及下游核心创新企业的集成创新活动，并且上游供应商还能为核心创新企业的开发活动提供技术、知识、物质、设备等方面的支持，从而推动整个集成创新系统的可持续进步[①]；下游企业把客户的设计要求或技术指标要求等显性的知识，以及客户需求和用户体验等隐性的知识转移扩散给核心创新企业，从而拉动整个集成创新系统向更高层次的创新方向演进。由此可见，上下游企业是核心创新企业进行集成创新的重要源泉。

(2) 核心创新企业与横向竞争和互补企业间的关系。

竞争与合作是产业网络内企业间的重要互动形式。在产业网络内基于产业链的每个环节，横向都存在若干家同类且规模不等的企业，这些企业之间肯定存在竞争，但也会在很多方面展开合作。良性的竞争是企业家精神和企业改善的根本动力[②]；共赢的合作是产业网络永续创新和可持续发展的有力保障。

企业间横向的创新合作，往往是由各自拥有优势的企业，从自身利益出发而展开，比如：共同唤醒或培育市场，将“蛋糕”做大；共同控制市场上创新的节奏，延缓“创造性毁灭”[③]的到来；共同制定行业标准和规范，促进创新的有序发展；共同抵制国外企业的技术封锁和垄断高价，促进真正的、先进的技术引进；互补性企业间各自发挥优势，分摊研发成本、共担风险、分享创新成果，等等。这种合作能促进更多对合作各方都有利的创新，从而不同程度地提升竞争实力。除了在创新方面的合作，横向企业间还有可能在其他方面展开合作，比如：协调采购，共同应对上游供应商的威胁；协商形成价格共谋，对下游企业形成垄断高价；共同构筑准入

---

① 参见余向平：《供应链视角下集群式创新网络的构建》，载《科技进步与对策》，2008，25 (5)。

② 参见乔颖、王永杰、陈光：《研究型大学在区域创新系统中的地位与作用》，载《科学学与科学技术管理》，2002 (6)。

③ Schumpeter Joseph. *Capitalism*, *Socialism and Democracy* [M]. New York: Harper, 1942.

壁垒，阻止潜在进入者的威胁。由于相关合作企业的利益息息相关，协调合作的意愿增强，从而使许多矛盾和冲突得以化解。

当然，横向企业间在创新方面的竞争也是必定且永恒存在的，企业在合作的同时，都会想方设法对自己的核心技术严加防范；都会努力争夺各类优势资源，保持各自的人才、技术、市场等方面的竞争优势并实现“正反馈”。

事实上，横向企业之间还会由于种种原因保持着非正式的、相互依存的关系，比如：有意无意间在创新活动中的彼此模仿，技术引进、企业经营、市场策略方面的相互借鉴，等等。

总的来看，从企业间网络理论的角度来审视，这种产业网络集成创新体系核心层中企业之间的关系是一种长期积累演化而形成的相对稳定的企业创新生态，是一种介于市场和科层之间的高效的产业组织形式，是一种能够做到高柔性化、高创新效率、低交易成本、低管理成本的现代化的产业创新组织形式。

2. 辅助层网络

（1）政府部门和行业协会。

政府部门虽然不直接参与产业网络的集成创新活动，却是除企业之外最重要的行为主体。政府从来都是支撑产业网络创新发展的重要力量，尤其是高科技产业网络集成创新成败的决定力量。

对本国而言，政府部门是政策、市场、信息等方面软环境的建设者，是创新活动的引导者，是创新秩序的维护者。政府部门在积极营造创新环境，促进产业网络的形成与发展，集成产、学、研各行为主体的创新优势，形成有效竞争与合作的良好创新局面，规范创新秩序，保护创新者利益，挖掘产业网络内的潜在创新资源等方面都发挥着非常重要的作用。政府同时也是大型基础设施和公共服务，如通信、交通、产业园区等硬环境的提供者。政府支持和参与产业网络集成创新体系建设的重要职能之一，就是通过构建国家层面的产业创新体系，为产业网络的集成创新提供良好的基础设施和公共服务。

在世界范围内，出于国家战略和政治利益的考虑，各个掌握先进技术的国家往往都会千方百计防止先进技术外溢，尤其是在高精尖技术领域。跨国公司更是会利用其强势的市场地位和雄厚的资本实力兼并、收购、遏制那些掌握先进技术或具有重要影响力的企业，以图保持垄断地位。尤其是当跨国公司涉足他国某些重要战略性产业时，往往能够看到跨国公司背后母国政府和各种政治势力的身影。所以，在发展模式中，政府主导作用主要体现在两个方面：第一，统一全国市场，低成本引进技术；第二，构建产学研相结合的快速高效再创新平台。比如，以中国铁路总公司为主导、机车车辆制造企业为主体，产学研紧密结合，在相对低成本引进的基础上掌握全部核心技术，并进而根据中国实情不断创新，形成了中国高速铁路自主的技术创新体系，使中国铁路的技术创新速度大大加快，实现了跨越式发展，取得了令世界瞩目的成就。又比如，在中国工业和信息化部的统一协调下，通过中国通信产业内的高校和科研机构、通信设备制造企业、电信运营商等各方面共同努力，使通信行业自主研发的 TD-SCDMA、TD-LTE-Advanced 成为世界公认的 3G、4G 四大标准之一。如此等等，不一而足。从这些重大的创新案例中我们可以看到，政府的作用不可或缺。

行业协会具有市场的灵敏性和公共部门的权威性，对政府部门作用的发挥起着重要的辅助作用。对于国内，行业协会协助政府部门营造创新文化氛围，引导行业内企业进行行业自律，规范竞争、促进合作、协助和协调企业间进行积极有序的创新。对本国之外，行业协会能够以非政府组织（NGO）的身份出现，在本国政府不便直接出面的领域，协调国内企业同国外展开交流、合作甚至处理一些经济争端。

比如，近几年，国内钢铁企业在中国钢铁工业协会的统一协调下共同对抗国际铁矿石巨头的垄断高价，形成了中国统一谈判进口铁矿石的新模式，保证了国内企业的利益，就是行业协会发挥作用的成功案例。

（2）高校和科研院所。

全世界的高校除了要承担教学和研究职能以外，还对知识的扩散、经济和社会发展也起着非常重要的作用（Thomas Andersson and Sylvia Schwaag- Serger，2004）。① 高校和科研院所是产业网络新知识、新思想、新技术供给的源泉，承担着人才供给、基础研究、创新思想培育、创新成果孵化（高校科技园、创业园）、协助企业创新等重要职能。高校和科研院所可以通过教育、培训和成果转化等方式推动知识、信息、技术等创新资源在产业网络中扩散。一般来讲，知识可分为科学知识和技术知识两大类。科学知识的特征是增加人类对客观世界的认识，一般没有直接的、特定的实用意义，是“公共产品”，但科学知识是技术知识发展的基础，对社会经济发展和竞争力的提高有着深远和广泛的影响。虽然企业出于捕捉新商机的考虑，也会不同程度地开展自己的基础研究，但是因为从科学知识到实际的生产技术和应用还有很长的转化路径，科学知识不可能直接在市场上变现从而产生经济收益；所以企业很难有兴趣从事科学知识的生产。科学知识具有公共品的性质，在某种程度上属于公共品的范畴。为了使科学知识的公共品价值和社会目标能够最大化地得以实现，北美、欧洲、日本、大洋洲等发达国家和地区的政府在科学知识研究和发展中承担了大部分的投入，并且这些投入主要用在基础研究和应用研究领域，且主要由高校和公立研究机构担纲执行。②

在知识经济时代，由于创新变得越来越复杂，企业的创新活动越来越依赖于各种创新知识和创新成果的集成，依赖于高校和科研机构所生产的知识，所以高校和科研机构在产业网络的集成创新体

---

① Thomas Andersson，Emily Hansson，Sylvia Schwaag-Serger，Jens Sorvik. The Cluster Policies Whitebook [R]. International Organisation for Knowledge Economy and Enterprise Development（IKED），2004.

② 邵云飞、唐小我、陈新有等：《基于网络视角的产业集群创新——创新网络结构特征对集群创新影响的理论与应用》，成都，电子科技大学出版社，2008。

系中的作用显得越来越突出，尤其是在高科技产业网络中尤为重要，硅谷的案例已是众所周知的证明。

（3）金融和中介服务机构。

集成创新的过程主要包括对基础科学的研究、应用科学的研究、以需求为导向的应用产品的集成、中间过程测试和样品的试制、集成产品的试商用和产业化等若干阶段和步骤。由于不同阶段投入的资金数量不同、风险特征各异，所以不同的资金供给主体和金融服务主体介入的阶段是不一样的。一般来说，对于基础科学的研究和应用科学的研究阶段应主要以国家为主体进行投入。对于以需求为导向的应用产品的集成、中间过程测试和样品试制阶段，则主要应以企业为主来进行投入，企业也可以谋求风险资金和国家的种子基金来帮助。在集成产品的试商用和产业化等阶段应该以企业和金融机构投入为主。由此可见，在技术创新和市场开拓的初始时期是最需要国家帮助的时期。当集成创新产品进入市场化阶段以后，则以企业和市场行为为主，而弱化政府的介入。

企业是技术创新的主体，同样也是技术创新的投资主体。但是由于企业自身的财力有限，单靠自身财力难以独立支撑技术创新的全过程，尤其是在创新的中后期等资金需求量大的关键阶段，所以积极采取各种有效措施吸引社会资金对技术创新进行投入是非常重要的。从社会上进行融资有多种形式，比如投资机构参股、通过债券股票等证券市场融资、吸引外资、银行信贷，等等。所以，金融机构的支持和资本市场的完善，会对产业网络创新能力的形成和提升，以及对集成创新活动的成功产生非常重要的影响。

中介服务机构主要是指产业网络内的咨询机构、培训机构、法律服务机构、技术服务体系、信息与管理服务体系等，从广义上讲也包括行业协会、同业公会和金融中介服务机构等。中介服务机构主要分为三大类，相应提供的服务类型也分为三大类：第一类是工程技术研究中心、技术开发中心等中介机构，主要是对科技成果的工程化、中试和设计提供进一步修改和完善等方面的服务；第二类

包括生产力促进中心、创新咨询公司、法律服务机构等，主要是提供各类咨询服务，为解决技术创新过程中的各类问题提供信息和解决办法；第三类包括高科技园区、创新中心、孵化器等，主要为技术创新活动提供场所、设备等硬件的服务。中介服务机构在提供公共服务的同时，兼具市场的灵活性，能够使企业的市场行为得到有效地协调与规范，促进创新资源合理配置，并能帮助政府部门和市场激活资源，进而增强产业网络的创新活力[①]，是产业网络技术创新的“加速器”、“推进剂”甚至“智囊团”。

3. 外围层网络

由于产业网络的范围广泛，通常是跨区域和跨行业的，所以，这里产业网络的外围层是指不同区域和不同行业内的相关政策法规、文化特质、习惯、人际关系、地理历史环境等无形的创新资源和创新特质。经典的网络理论强调网络是由节点和链接组成的系统，这一点社会文化网络并不具备，但从根植性的角度，行为主体总是在一定的网络关系中行动的，行为主体不仅受所在网络的制约，也要受到来自社会结构的潜移默化的影响。文化作为社会的结构性特征，对于产业网络内行为主体的创新行为及其效率具有深远的影响。在一些具有创新、合作文化传统的产业网络内，网络主体间的高信任与高合作度将促进产业网络内企业间以及企业与中介机构间的交流、互动，带动信息、知识在网络中的高速流动和共享，提高整个产业网络的创新能力。

总之，在产业网络集成创新系统中，企业是技术创新活动中最重要的行为主体，伴随着产业网络的成熟与完善，企业也随之逐渐成为产业网络中技术创新的主体、知识应用的主体和创新投入的主体，因而也是产业网络集成创新体系的核心。企业的市场竞争力和集成创新能力代表了产业网络技术创新能力的强弱。政府部门主要负责制定和实施创新政策，并通过创新政策影响创新资源的配置，

---

① 参见朱杏珍：《产业集群创新网络的行为机制分析》，载《经济论坛》，2006(6)。

保障技术和知识的有序流动。在产业网络集成创新体系中，政府从有利于实现创新目标的角度出发，营造创新环境，制定创新政策，积极引导和协调各个创新行为主体的行为，充分激发各个创新行为主体的积极性和创造性，促进创新行为主体之间的交流、协作和联合，促进了产业网络的集成创新能力的提高。高校和科研院所是生产知识、供给知识、传播知识和培养人才的重要基地，是形成产业网络技术创新能力的知识源泉。任何创新活动都需要进行资金的投入，企业要想进行永续创新，必须有金融保障体系作为支撑。科技金融服务机构的专业与否，取决于其是否具备为企业创新活动提供资金的能力，是否具备鉴别创新风险和预测创新收益的能力。金融机构的专业服务能力和完善的金融市场体系是推动产业网络技术创新的重要保障，世界各个国家和地区的政府对金融体系的构建都非常重视。[①] 不同领域、不同层次的中介服务机构是沟通和促进知识流动的重要桥梁和纽带，在解决创新行为主体间信息不对称和减少搜索成本、交易成本的过程中发挥着重要作用。

3.2 产业网络的治理结构

3.2.1 产业网络形成的基础条件与制度环境

任何组织的有效运行以及组织功能和目标的实现，都是建立在合理和有序的治理结构基础之上，产业网络作为创新的一种组织形式也不例外。新制度经济学的命名者和著名代表人物奥利弗·E·威廉姆森（Oliver E. Williamson）在罗纳德·哈里·科斯（Ronald H. Coase）研究的基础上，建立了交易成本经济学。威廉姆森将治理结构定义为“一种交易的完整性在其中得到确定的制度矩阵”[②]，

① 邵云飞、唐小我、陈新有等：《基于网络视角的产业集群创新——创新网络结构特征对集群创新影响的理论与应用》，成都，电子科技大学出版社，2008。

② 奥利弗·E·威廉姆森：《经济组织的逻辑》，上海，上海三联书店，1996。

这启发我们基于产业网络所赖以形成的基础条件和制度环境来探讨其治理结构。没有尽善尽美的治理结构，每一种治理结构都是其相关特征交织在一起相互作用的结果。

产业网络产生和发展的前提条件包括：较长的产业价值链构成，包括横向和纵向等多个维度上价值链的构成，使得产业网络内企业的专业化程度得以深化，能够为产业网络内的企业创新能力提升和集成创新活动的开展提供更大的空间；而产业网络内各行为主体之间的互补合作、竞争与联系使得技术创新的网络性和知识扩散的快速性成为可能，本书将以上因素称为构成产业网络形成的基础条件。由于上述从生产结构的分析仅是从企业和产品的角度，而较少考虑政府部门和其他产业网络行为主体的因素，所以，确切来说只是对企业创新网络治理结构的分析，而不是完全意义上的对产业网络治理结构的研究。由于生产结构是嵌入在制度结构之中的，为了能够反映产业网络内部各个行为主体之间的互动行为，还需要理解产业网络核心层、辅助层、外围层相互之间互动的正式制度和非正式制度等因素的影响，而这些正式和非正式的制度又构成了影响产业网络发展的制度环境。产业网络的形成所依赖的基础条件和制度环境提供了研究产业网络治理结构的两个重要的互补分析路径。同时，政府作用的强弱以及产业市场结构的不同为我们提供了重要的补充视角。

不同的制度环境和基础条件的变化催生了不同的产业网络，使企业、政府部门和行业协会、高校和科研院所、中介服务机构、金融机构等和创新活动有关的相互的又是异质性的行为主体间结网合作成为必然。由于“路径依赖”，不同的基础条件会生成不同类型的产业网络，而不同类型的产业网络在演化的过程中又会形成不同的制度环境。制度的不同来源于组织方式的不同，所以在产业网络演化的过程中，组织的作用非常重要。[①] 在产业网络核心层中，行

① 参见黄守坤、李文彬：《产业网络及其演变模式分析》，载《中国工业经济》，2005 (4)。

为主体之间的关系有些是自发形成的，有些是经过组织干预形成的，行为主体之间的关系既具有随机性，又具有规律性。因为政府的干预程度是区分企业产业网络治理模式的重要尺度①，所以，本书根据产业网络核心层形成和发展过程中受到外界（主要是政府）干预影响的程度，将产业网络分为“自组织型”和“他组织型”两大类；又根据产业网络发展阶段的不同，将“自组织型”细分为中小企业自组织型和核心企业领导型；同时考虑到政府干预产业网络创新活动的强弱，将“他组织型”细分为政府主导型和政府引导型；当然，任何划分方法都不是绝对的，在“自组织型”和“他组织型”之间，还会存在着一种临界状态，当存在“市场失灵”的时候，需要“看得见的手”来干预，反之亦然。产业网络类型的划分维度见图3—3。

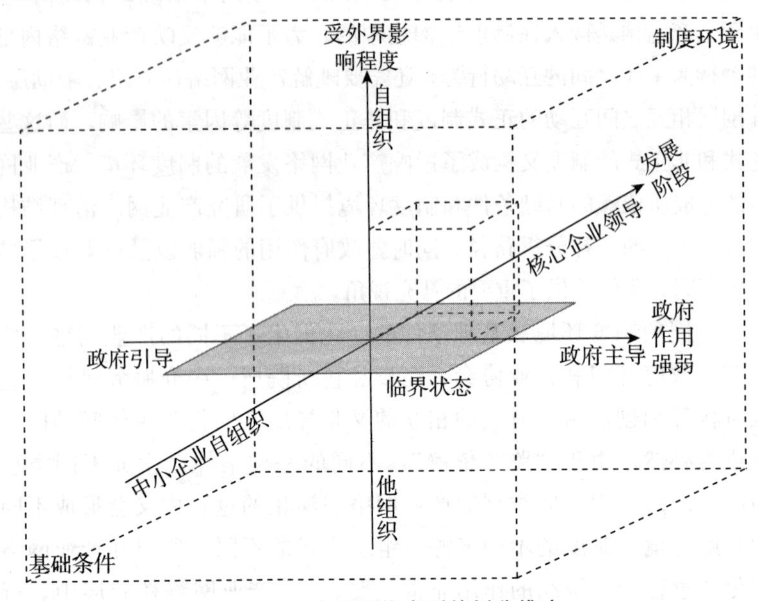

图3—3　产业网络类型的划分维度

---

① 王大洲：《企业创新网络进化与治理》，北京，知识产权出版社，2006。

3.2.2 “自组织型”产业网络

从形成“自组织型”产业网络的基础条件来看，“自组织型”产业网络内的纵向价值链相对较短，而横向互补合作的范围较为广阔，集成创新活动在产业网络内根据各行为主体的需要而横向展开，没有明确的、核心的集成创新行为主体，产业网络内创新活跃，与网络外的链接点很多，创新自由度大，创新的“路径依赖”和“锁定”程度较低。其典型特征就是来自市场的自组织，市场中巨大的生存和竞争压力使得企业不得不靠创新来实现持续发展。而技术创新的非线性和协同性的特点又会促使企业自发链接成网进行集成创新。价格是资源稀缺程度的信号，在价格信号的引导下，进行着创新资源的自动配置以及创新资本的自由流动，无需外部指令干预，通过市场的自发调节实现资源的优化配置。行为主体受自身利益驱使，自发地根据外界环境资源以及其他行为主体行为等基础条件的变化，调整各自的行为目标，改变与其他行为主体之间的关系，以适应其所处的基础条件。①

从“自组织型”产业网络所处的制度环境来看，“自组织型”的产业网络内各企业间的联系主要以水平的竞合关系为主，网络内包含着众多的大、中和小型企业以及公共和准公共机构，它们与外界进行着全方位的资源交流，对内则在多个环节开展资源整合，并通过全面的竞争与合作，比如：模仿创新、知识外溢、公共物品的便利性等来实现对资源调整和变化的快速反应。网络内企业的行为也更为复杂，企业间关系也不稳定。

由于产业网络的发展阶段不同，“自组织型”的产业网络又可细分为中小企业自组织型和核心企业领导型。中小企业自组织型是由特定产业内大批规模和实力相当的中小企业自发演化而成。这种

① 黄守坤、李文彬：《产业网络及其演变模式分析》，载《中国工业经济》，2005(4)。

由中小企业组成的产业网络通常分工很细并且专业化程度非常高，从而其产品的标准化程度很高，企业间竞争激烈，网络的进入和退出壁垒低。众多中小企业在产业网络内经过不断调整和磨合，最终达到动态平衡。[①] 在这个过程中，由于规模经济效应和产业升级，一些中小企业通过不断创新和并购，逐渐发展成对其所处的产业网络有重要影响力的领导型企业，产业网络也随之升级为以这些核心领导型企业为主体的、创新能力和竞争力更强、拥有开展基础性和系统性创新研究的能力的产业网络；其中核心领导型企业作用突出，起着引导创新的作用，通过改变与产业网络内其他行为主体的关系而使整个产业网络具有创新活力。

"自组织型"产业网络以前多以劳动密集型的马歇尔式产业区最为典型，如早期的意大利产业区，以及我国的浙江温州、义乌等地的小商品、服饰产业区等；随着产业的升级和知识经济的到来，原有的传统产业也在逐渐向较高层次的产业网络跃迁，并形成了以若干核心领导型企业为主体的自组织型产业网络，比如以正泰、德力西、人民电器等为代表的浙江乐清低压电器产业，以美的、格兰仕、科龙等为代表的广东顺德家电产业。当然，"自组织型"产业网络中也不乏技术和资本密集型的典型产业区，随着高校和科研机构成为带动高科技产业网络形成的主导力量，一些技术和资本密集型的产业网络也随之兴起，比如围绕着美国斯坦福大学而形成的硅谷高科技产业网络并逐渐演化为以思科、英特尔、惠普、朗讯、苹果等著名的世界级企业为核心，众多中小企业共生的自组织型产业网络，围绕北京海淀的中国科学院以及周边众多高校而发展起来的中关村高科技产业网络并逐渐演化成以联想、同方、方正、华旗资讯、新浪、百度等著名企业集团为核心，众多中小企业共生的自组织型产业网络，等等。这些企业大多还以先进的信息通信技术为依

① 参见高洁、糜仲春等：《企业技术创新网络的形成模式、结构及交互关系研究》，载《价值工程》，2007（8）。

托，形成了跨国的产业网络。

3.2.3 “自组织型”产业网络的临界状态

由于市场的作用和比较优势，很多新兴产业应运而生，在这些产业发展的早期阶段，自发形成、完全市场化的自组织状态居于主导地位。但是随着网络内企业的增多，有些自组织型产业网络就会达到一种临界状态，原因是一些情况下完全市场的力量是有限的，存在“市场失灵”的情况，“自组织型”状态不能促进产业的良性发展，因而需要政府进行积极的引导和扶持。比如：由于企业都不愿意承担创新的风险，而乐于在创新的过程中“搭便车”，导致产业网络的创新停滞，而阻碍了产业的跃迁和升级，这就需要政府对企业的创新成果进行保护，采用知识产权和专利保护的政策措施保护和鼓励企业的“首创”行为，带动整个产业网络健康发展；此外，“自组织型”产业网络在长期自发成长的过程中也可能会形成对原有成熟技术的“路径依赖”和“锁定”，而限制了产业网络内技术的升级换代或更高层次的创新；当然，由于产业网络内的企业在竞争与合作中总是以“经济人”原则谋求自身利益最大化，因而也存在着各种投机行为与道德风险等问题。① 诸如上述这些“市场失灵”的情况都需要政府进行积极的引导和协调，促进“自组织型”产业网络的可持续发展。

3.2.4 “他组织型”产业网络

从形成“他组织型”产业网络的基础条件来看，由于“他组织型”的产业网络往往在横向和纵向等多个维度上具有较长的产业价值链，价值链上存在一个或少数几个大型企业，其他众多中小企业以大企业为中心而存在。该类产业网络中具有明确的集成创新行为

① 参见陈勇江：《产业集群“市场失灵”中的政府职能定位》，载《中国行政管理》，2009 (5)。

主体，常常由拥有足够资源和能力的大型核心企业扮演集成创新的领导者角色。大型核心企业专注于整个产业的核心业务，诸如技术难度大、附加值高的全面的系统设计、架构、集成创新与涉及整个产业发展的重点难点科研攻关，而将标准化的、附加值低的零部件和半成品外包给产业网络内的其他中小企业。产业网络内的创新活跃度较低，核心的集成创新企业是链接网络内外的主要节点，创新的自由度相对较低，创新的“路径依赖”和“锁定”程度高。企业间的关系主要表现为价值链纵向的分工协作关系，并在纵向和纵向各个层次的横向上形成外包和再外包的关系，以此提高核心集成创新企业集成创新的灵敏度，降低转换成本。

从“他组织型”产业网络所处的制度环境来看，由于大型核心企业处在产业链的关键环节并在整个产业网络中处于垄断的支配地位，所以承担了产业网络内的很多协调责任，避免了“自组织型”产业网络内生的复杂性和混乱性；但是也同样是由于大型核心企业在产业网络内的支配地位，有可能会使其战略计划与网络内众多其他行为主体的发展目标相悖而遭到其他行为主体的不满和抵制，甚至会在很大程度上影响到一个地区乃至一个国家的产业发展战略和经济政策，因而往往会受到政府、行业主管部门或行业协会的干预和引导，其典型特征就是由外部力量对产业网络进行组织而使其形成有序结构并向政府和社会需要的目标靠拢，从而克服单纯依靠市场这只“无形的手”而产生的诸多“市场失灵”问题。由于大型核心企业深度根植于开放的产业网络之中，一方面与网络内和创新活动有关的企业、政府部门和行业协会、高校和科研院所、中介服务机构、金融机构等保持密切的关系；另一方面又要积极拓展与网络外部相关企业和组织机构的联系，构建本产业网络内的强关系和跨产业网络的弱关系，并将这些关系转换为对本产业有利的市场价值。由于若干大型核心企业是产业网络内外部资源整合的主体和关键环节，所以产业网络内各行为主体的关系较稳定，大型核心企业会承担网络管理的成本，接受来自网络内其他行为主体贡献的资

源，通过政府授权或政府资助向网络外寻求对本产业网络创新有利的资源。[①]

产业网络中的“他组织”形式是“看得见的手”，主要表现为政府部门通过涉及产业的组织结构、反垄断、公共规制、技术和布局等方面的产业政策来干预产业网络内外的资源分配和产业组织结构，以实现一个国家或地区的经济或非经济目标。这些产业政策对于产业网络的核心层来讲都是外生变量，对产业网络演变的方向和进程会产生重要的影响。通过这只“看得见的手”可以有目的地培育一些新兴产业和战略性产业，促进产业结构调整和升级，扶持战略性产业的快速成长和壮大。

由于产业网络的发展阶段以及政府作用强弱的不同，“他组织型”的产业网络又可细分为政府主导型和政府引导型。作为产业网络的重要行为主体，政府不仅参与其中，而且兼具管理的职能。政府以组织者或引导者的角色在产业网络的形成、发展、成熟、升级等各个阶段发挥着积极的推动作用。对于处在发展初期的新兴产业和战略性产业，各国政府出于快速赶超或产业安全的考虑，通常采用深度干预的政策，在产业网络的发展中起主导作用，采用各种政策措施，比如行业准入、税收优惠、政府补贴、政府采购、甚至政府直接投资的形式来进行大力扶持和保护，我国的高速铁路产业、航空航天产业等都是在政府主导下发展并成功实现快速赶超的战略性产业，第二次世界大战之后迅速赶超英美的日本的许多重要产业也是政府主导发展的成功典范。当新兴产业或战略性产业在政府主导下步入成熟阶段并具备参与国际竞争的实力之后，政府的作用将会逐渐弱化，由主导变为引导，并通过制定产业的结构政策、反垄断政策、公共规制政策、产业技术政策、产业布局政策等引导产业健康、良性发展，比如我国的电信运营服务业、通信设备制造业、计算机设备制造业，等等。

① 参见杨慧：《产业集群治理结构探析》，载《科学学研究》，2007，25（4）。

3.3 产业网络的集成创新模式

产业网络是通过网络节点间的相互链接关系组成的创新整体，其集成创新的每个集成单元是产业网络的节点组织，相互之间的链接关系是集成的基础条件。链接关系不同，则集成创新的基础条件就不同，集成创新的结果也不一样。产业网络集成创新就是通过创造性的集成，重整网络内外的各创新要素（主体、行为、资源）及其关系，来实现创新要素和创新内容的重新优选、集成和优化，使网络内各要素以合理的方式结合而形成优势互补、功能倍增和适应进化的有机整体的动态创新过程，以实现网络节点所期望的创新目标，获得各个集成创新单元所期望获得的效果。

依据本书对产业网络治理结构的划分以及企业集成创新的不同动因，不同类型产业网络治理结构的集成创新模式总体可归纳为内生驱动型集成创新模式、外生牵引型集成创新模式两大类。

3.3.1 内生驱动型集成创新模式

内生驱动型集成创新模式可以看做是产业网络核心层内的行为主体出于市场竞争压力以及对利润的追求而主动将能够产生利润的因素集成入生产过程的行为。产业网络内的创新知识、创新文化、创新思维、创新能力在一定条件下不断“发酵”，不断刺激创新行为主体产生创新意愿并驱使创新主体之间在竞争的同时进行合作[①]，充分利用产业网络内各种资源进行集成创新。内生驱动型集成创新模式示意图如图 3—4 所示。

① 参见钟荣丙：《产业集群中共生技术集成创新模式研究》，载《工业技术经济》，2011，4（4）。

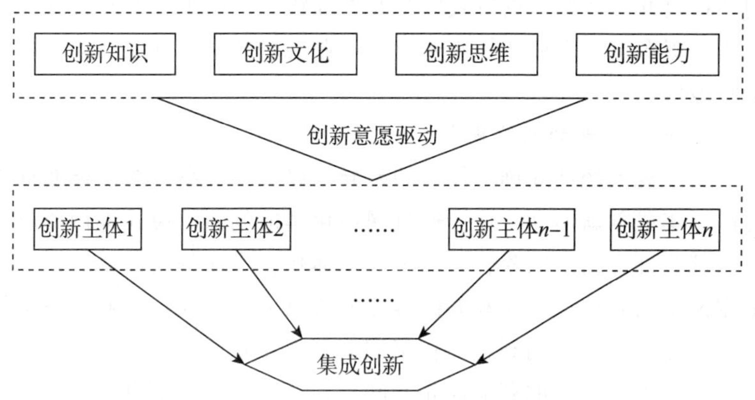

图 3—4　内生驱动型集成创新模式示意图

内生驱动型集成创新的基本模式有三种：

1. 集成创新的契约模式

企业之间通过市场契约建立联系并获得所需的创新资源。企业间由于互动而建立了弱链接。如果契约一方的企业有创新要求，则契约另一方企业获得创新合作的机会就很大；另外，企业之间建立市场契约之后，企业由于相互了解和熟悉而产生相互依赖性，契约方企业间由于集成创新资产的专用性投资而提高了契约之外企业的进入壁垒。在这种模式里，人际关系的存量起着重要作用。威廉姆森认为，人际关系的存量在制定市场契约关系时的作用还是很明显的，依托人际关系寻找集成创新的目标合作企业的效率会更高。

2. 集成创新的科层模式

企业间通过横向或纵向一体化的链接，实现集成创新资源的内部化。集成创新的科层模式是由于“自组织型”产业网络中往往存在规模较大的核心企业，这些核心企业常会根据集成创新的目标进行全面评估。在这些企业自身创新资源较为完备的情况下，他们为了独自占有创新成果并降低交易成本，就会在本企业内部各部门之间进行集成创新；当要获取自身不具备的非关键性创新资源时，他

们会通过并购或联盟的方式向企业外部集成。由于掌握着关键性集成创新资源，大企业或核心企业在产业网络的集成创新活动中居于垄断地位。

3. 集成创新的网络模式

由于规模经济和创新能力的差异，以及集成系统的复杂度日益提高，集成创新活动往往会通过网络化集成创新的模式进行产业网络内部和外部组织的联合，而不是一体化。集成创新活动的开展会依据网络内企业的意愿和共同遵守的协议。一方面，产业网络内的节点企业会由于共同利益而在集成创新中相互协同，另一方面，节点企业会因为各自的利益而相互间存在竞争，由于信息不对称，可能会存在投机和"搭便车"的行为，所以信用和声誉机制构成集成创新网络模式的基础。

结合内生驱动型集成创新三种基本模式的特点，我们可以建立其对应的动态决策模型，如图 3—5 所示。企业在选择集成创新模式时首先要对企业内、外部的技术创新资源以及研发水平进行评估；在综合比较企业内、外部技术创新资源之后，对企业对外部创新资源的集成度给出量化评估，同时结合创新目标的复杂程度、所需技术的难易度以及整个创新环境和市场结构，对整个集成创新所需资源与能力的情况进行综合评价，最后，确定采用哪种具体的集成创新模式。[①]

3.3.2 外生牵引型集成创新模式

外生牵引型集成创新模式可以看做是产业网络核心层中的集成创新活动主要受核心层外部力量的牵引，在核心层外部力量的干预或引导下而展开的集成创新活动。这里所说的外部力量中最重要的就是政府的力量和作用，更广义一些是指政府部门及行业协会的力

---

① 参见游达明、张帆：《嵌入性视角下的企业集成创新模式与动态决策模型研究》，载《统计与决策》，2008（7）。

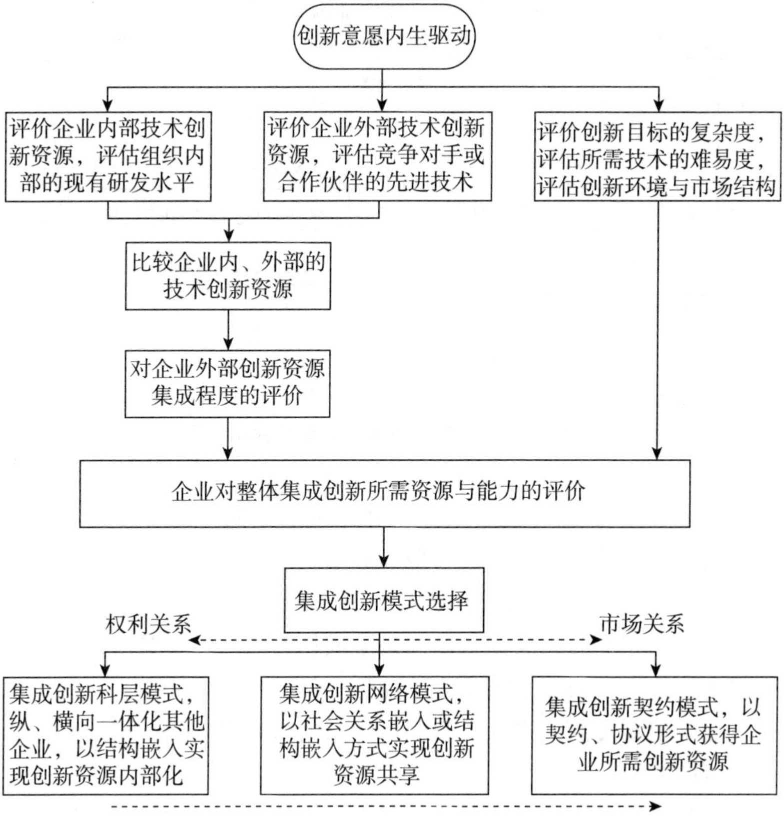

图 3—5　内生驱动型集成创新模式的动态决策模型

量和作用。政府部门或行业协会通过搭建创新平台、提供创新公共服务、制定激励性创新政策、增加创新投入、协助整合创新战略资源等手段来主导或引导产业网络的集成创新活动。外生牵引型集成创新模式示意图如图 3—6 所示。

外生牵引型集成创新模式中最典型的是官产学研合作模式，其中“官”是该模式中的灵魂，“产”是该模式中的主体，“学研”是

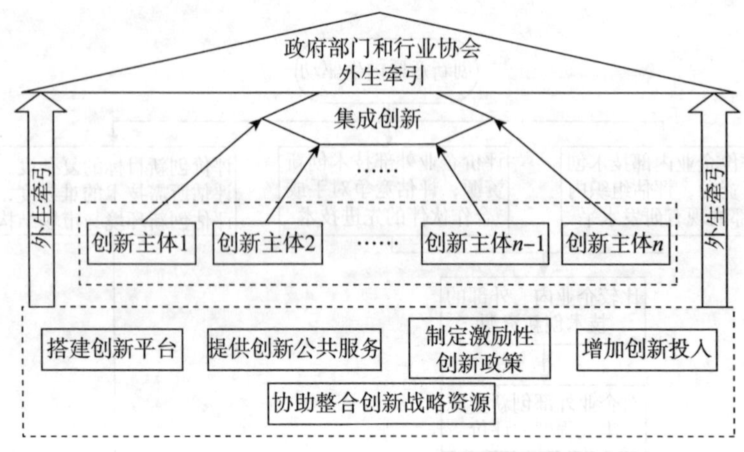

图 3—6　外生牵引型集成创新模式示意图

该模式中的源泉。[①] 根据“官”的作用程度不同，又可分为政府主导型集成创新模式和政府引导型集成创新模式。

1. 政府主导型集成创新模式

政府主导下的集成创新模式是集成创新的一种重要模式。这一模式中，政府不仅是创新目标的制定者、创新过程的主导者，同时，也是创新资源的投入者和创新成果的所有者，这一模式具有如下显著的特征。[②]

首先，这种集成创新模式一般发生在产业发展的早期阶段，市场结构处于垄断状态，集成创新的产品是重要的公共品或涉及国家重大战略。创新的目标是为了实现快速赶超或迅速突破国家发展过程中的某种瓶颈。

其次，政府在创新全过程中都起主导作用，创新目标、创新内容、创新过程、创新步骤和创新行为主体的合作方式都由政府确

---

① 参见郝远:《加强官产学研联合　推动科技成果转化》，载《兰州大学学报（社会科学版）》，2001，29（5）。

② 陈春阳．中国机车车辆业创新战略研究［D］．北京：北京交通大学，2007。

定，参与集成创新的企业、高校和科研院所基本由政府选定。创新的强制性较强，目标明确，资源搭配合理，创新组织组建迅速且相对稳定，但是也有可能会由于监督困难而出现人浮于事、效率低下的情况。

再者，按照创新规模的不同，该集成创新模式可分为分布式和集中式两种组织方式。创新的规模和时间节奏由政府掌握。分布式组织方式适用于中小型创新规模、时间要求不紧的创新活动，整个创新团队分布于不同的创新行为主体，由创新协调领导小组协调整个集成创新活动和各行为主体的创新行为，协调领导小组的组长一般由政府委派相关政府官员或相关产学研单位的具有项目总体架构和掌控能力的专家担任。集中式组织方式适用于技术难度大、时间要求紧、创新周期长的大中型规模的创新活动，组织机构相对独立，由官产学研等不同单位中的技术专家组成，组织机构的管理者一般由政府委任，并由参与集成创新的官产学研各单位共同组成技术管理机构，技术管理机构专门负责各集成创新小组的任务及对应资源的分配、过程和质量监督以及整体把控和协调工作。根据工作需要和创新规模，政府还有可能把部分或整个集成创新活动委托给产学研中某家相对最具实力的单位来完成。

最后，创新的资金来源有三类：第一类是政府直接投资，第二类是参与行为主体直接投资，第三类是到资本市场融资。政府直接投资分为两种：一种是计划拨款，一种是企业申请资助，也有两种相结合的方式。资本市场融资有三种情况：一种是由政府信用担保的、稳定的银行贷款，一种是企业通过证券市场融资，一种是在政府政策限定的范围内引入的战略投资（包括外资和其他形式的投资）。

政府主导、产学研参与的集成创新平台可以集中社会创新资源较快地改变国家在某一技术领域的相对劣势，缩小与国外的技术差距，甚至实现快速赶超，提高政府在国际国内事务中的谈判地位。企业可以在相对较少投入的情况分享集成创新的成果、经验和技术，可以检验技术成熟度及其市场接受度，可以提高专业人员的素质，

可以增强与官产学研各方的紧密关系，为进一步创新做储备。高校和科研院所可以获得政府和企业的支持，实现研究成果产业化，同时把握技术前沿，强化基础和应用研究，为更高级阶段的创新做好准备。政府主导、产学研参与的集成创新平台还有利于产业网络内创新资源的共享和互补，加快网络内部技术创新主体间的技术扩散。

2. 政府引导型集成创新模式

政府引导型集成创新模式是指政府主要通过宏观政策、经济调节、社会管理、市场监管、公共服务等方式引导产业网络按照政府的产业发展战略进行集成创新，但政府不会直接介入和干预创新活动。创新资源投入由创新行为主体自主筹措，创新成果归创新行为主体所有，当然这里的创新行为主体主要是指企业。这一模式具有如下显著特点。

首先，这种集成创新模式一般发生在产业发展的中后期阶段，或者市场结构处于非垄断状态。创新的目标是为了保证该产业网络的发展符合国家的产业发展方向，使顺应国家产业发展战略的企业逐渐发展壮大，使不符合国家产业发展战略的企业逐步被淘汰或转型升级。

其次，政府会影响但并不直接介入企业的集成创新活动。这是政府的作用与其他产业网络中的行为主体作用不同的地方。政府在与企业的交流中，会传递一些导向性信息或释放政策信号。政府通过研发补贴、税收优惠、公共采购等方式引导企业向政府鼓励的方向创新和发展，但是创新目标、内容、过程、步骤以及创新行为主体的合作方式等都由企业来决定。集成创新的目标是以短期营利为导向，会根据市场需求的变化动态调整，集成创新组织的强制性较弱，资源配置主要由市场决定。创新组织的组建由企业根据市场情况自行决定，创新组织间的分工是基于市场规则和经济利益，因此效率较高，但组织的稳定性相对较弱。

再者，政府引导型的集成创新模式，创新的规模和时间节奏都由企业自己掌握，企业根据对政府政策的预估以及市场竞争环境来

安排集成创新的投资规模和创新步骤。创新组织的组建以集成创新主导企业为主，集成创新主导企业与其他创新行为主体根据各自的发展战略和利益自主自愿结合，但有时需要政府协调。

最后，创新的资金来源主要通过企业自己投资和资本市场融资来解决，当然，资本市场融资的方式和优势同政府主导型的集成创新模式是一样的。

政府引导、企业主导、产学研联合的集成创新模式是在产业发展的中后期，市场环境相对成熟，市场结构比较合理的情况下的一种集成创新模式，能够有效协调集成创新的公共物品和私人物品性质、市场的正外部性和负外部性、创新的“过大冲量”与“过大惰性”、竞争与合作、战略发展与高风险等多方面的矛盾，有效地避免“市场失灵”；同时也能比较充分地发挥市场机制的作用，强调企业在技术创新中的主体地位，克服因政府干预过度或干预失误对创新活动造成的扭曲，避免“政府失灵”①。

两种主要的外生牵引型集成创新模式的比较见表 3—1。

表 3—1　　两种主要的外生牵引型集成创新模式比较

维度 \ 类型	政府主导型	政府引导型
产业发展阶段	早期阶段	中后期阶段
市场结构特征	垄断	非垄断
集成产品类型	涉及国家重大战略的公共品	产业发展政策鼓励的产品
创新速度	快速赶超	正常发展速度
创新组织稳态	稳定	不稳定
集成创新目标确定与过程控制	政府	主导企业
集成创新的资金来源	政府直接投资、各参与主体投资、资本市场融资	企业投资、资本市场融资
创新成果所有权	政府	企业、高校或科研院所
国内典型案例	高速铁路产业	3G 通信产业

① 曾方．技术创新中的政府行为——理论框架和实证分析［D］．复旦大学，2003。

3.4 产业网络集成创新绩效和政府作用的评价方法

3.4.1 既有方法的不足

由于产业网络的边界通常是模糊的，行为主体的数目很难确定，同时产业网络内的一些行为主体还是跨产业的、跨网络的，所以对整个产业网络的创新收益的衡量是困难的。而网络内部的互动合作、权利配置及其制衡要素等机制运行状况与网络整体效率差异之间的关联程度则更加难以直接揭示。目前对产业创新和创新网络的研究有不少，而专门针对产业网络创新绩效的研究却相对非常缺乏。

针对产业网络集成创新的绩效，并非简单地就是研发的投入和研发的产出，或者是研发的投入与经济绩效的改善这么简单，既然有“网络”和“集成”这两个特征，那么就要更多地包含一种对产业网络协调机制的考察，也就是不光要考虑技术因素，还要综合考虑制度因素和经济因素。如果忽略制度的因素，默认相同的技术条件、相同的创新投入会产生同样的产出，那显然会推出不同的企业、不同的产业、不同的国家创新效率将会一样的荒谬结论。如果忽略经济的因素，则创新就失去了最本质的目的和价值，因为创新终究是为提高社会福利服务的，而衡量社会福利是否提高，除了“效用”这个难以量化的标准之外，更直接的衡量标准就是看经济绩效是否得到改善。

通过对既有研究情况的梳理，可以归纳出既有研究的三个主要特点或者说三个方面的不足：

（1）这些研究大多是为了创新而研究创新，也就是仅仅从研发投入和专利、论文等方面的产出来衡量创新绩效，而忽略了创新的重要目的和重要贡献的方面——对于经济的影响。

(2) 这些研究仅关注了产业中的创新主体企业，而忽视了最大的制度供给者，也可能是主要的投资者——政府的作用。

(3) 这些研究的研究手段多停留于定性分析或者即使采用定量分析也多采用调查表配合层次分析法、结构方程等手段或者采用纯粹的计量分析方法。前者因为涉及填表和专家打分等环节而具有主观随意性大的缺陷；后者因为需要大样本数据才能保证一定的准确性且又容易受到随机项的干扰，因此应用上具有一定的局限性。

有鉴于此，本书将在总结学者们既有研究经验的基础上，用索罗余值法配合灰色系统理论的求解方法，并结合从纵向时间维度和横向国别维度比较同一产业的专利申请量，给出了一种技术和经济相结合的定量分析方法，期望能够对整个产业网络集成创新的绩效做出较为客观和全面的评价，并期望能够在解决上述三方面缺陷方面有些许突破。

3.4.2 本书采用方法的设计思路

1. 如何考虑经济的因素

测算技术创新对经济的影响程度，一般借助于丁伯根改进的科布-道格拉斯（Cobb-Douglas，简称 C—D）生产函数模型①，采用著名的索罗余值法②，来求技术创新对经济增长的贡献率。

1928 年，美国数学家柯布（C. W. Cobb）和经济学家保罗・道格拉斯（Paul H. Douglas）共同探讨投入和产出的关系，创造了 C—D 生产函数，并以二人的名字命名。该函数是在生产函数的一般形式上作出的改进，引入了技术资源这一因素，是用来预测国家和地区的工业系统或大企业的生产和分析发展生产的途径的一种经济数学模型，简称生产函数，其基本形式是 $Y=AK^{\alpha}L^{\beta}$。其中 Y 为产出，常量 A 代表综合技术水平，变量 K 为资金投入，α 为资

① J. Tinbergen. *Econometrics* [M]. Englewood Cliffs: Prentice-Hall, 1964.

② R. M. Solow. Technical Change and the Aggregate Production Function [J]. *The Review of Economics and Statistics*, 1957 (39): 312-320.

金弹性系数，变量 L 为劳动力投入，β 为劳动力弹性系数。$0\leqslant\alpha\leqslant 1$，$0\leqslant\beta\leqslant 1$，当 $\alpha+\beta>1$ 或 <1 或 $=1$ 时，分别表示生产的规模收益递增、递减或不变。

但是，荷兰经济学家詹恩·丁伯根（Jan Tinbergen）认为 C—D 生产函数中将综合技术水平 A 作为一个独立于资金和劳动之外的常量，仅能描述在某一恒定的技术水平下投入量与产出量之间的关系，而在分析技术进步的作用方面有很大局限，并于 1942 年将 C—D 生产函数改进为 $Y=A(t)K^{\alpha}(t)L^{\beta}(t)$。

1957 年，美国经济学家罗伯特·索罗（Robert M. Solow）在计算全要素生产率的增长率时，提出在估算出总量生产函数后，可以用产出增长率扣除各投入要素增长率后的残差（余值）来测算全要素生产率的增长，故也称生产函数法，在规模收益不变和希克斯中性[①]技术假设下，全要素生产率的增长率就等于技术进步率，具体估算时常采用丁伯根改进的 C—D 生产函数进行估算，该方法就被称为索罗余值法，是一个可计算的实用方法，国内外专家学者经常利用该方法做一些实际的计算，最常被用于计算技术进步对产出增长率的贡献率，当然也可以计算其他投入要素对产出增长率的贡献率。后面的 3.4.3 小节会详细介绍。

从广义上来讲，技术进步可以看做是技术创新，因此，本书就用索罗余值法来测算产业网络的技术创新对整个产业网络经济绩效的影响。

对于产业网络资本和劳动的总投入的估算，可以采用如下方法：通过市场集中度的计量指标 CRn 来计算市场集中度，当 $CRn>80\%$时，即某一产业的市场集中度达到极高寡占型的标准时，考虑市场份额和投入的正相关性，就可以用这些寡占企业的资本和劳动投入值的合计近似为整个产业网络的资本和劳动的投入。

① 根据希克斯的定义，如果随着两个生产要素的无偏投入，劳动和资本的边际产品以相同的比例增长，那技术进步就是中性的。

2. 如何考虑制度的因素

事实上，对经济增长的研究可以从供给和需求两个方面展开。索罗模型立足于供给方面，比较适合于研究中长期影响经济增长的因素，而技术创新和政府作用对于经济的影响都不是立竿见影和短暂的，是一个效果逐渐显现的过程，并且会影响相当长的一段时期。所以用索罗模型来研究技术创新和政府作用的效率问题是适用的。

索罗模型是一个生产方程，它从供给方面研究各生产要素对经济增长的影响。索罗模型考虑了生产要素之间的替代关系。也就是说为了实现一定量的经济增长，劳动投入和资本投入可以有不同的组合，既可以是多一些劳动的投入，少一些资本的投入，也可以是多一些资本的投入，少一些劳动的投入。

从理论上讲，用索罗模型来研究技术创新与政府作用的综合效率是可能的，因为对技术创新和政府作用的综合效率做切合实际和易于观测的评价，就是看它们对经济增长的贡献。除了 A 表示希克斯中性技术进步之外，政府的作用可以从资本供给的角度来理解，比如：政府对产业的扶持基金、税收优惠、补贴，等等，都可以理解为一种政府对整个产业网络的资本投入，政府投资建设有利于创新的公共设施、基础设置、科研经费以及政府的直接投资更是一种直接的资本投入。所以本书就可以将 C—D 生产函数 $Y=A(t)K^{\alpha}(t)\cdot L^{\beta}(t)$中的 $K(t)$ 分解为两部分：$K_{\bar{G}}(t)$ 和 $K_G(t)$，分别代表非政府部分的资本投入以及政府投资，则 $Y=A(t)K^{\alpha}(t)L^{\beta}(t)$ 变换为 $Y=A(t)K_{\bar{G}}^{\alpha}(t)K_G^{\theta}(t)L^{\beta}(t)$，其中 θ 为政府投资的弹性系数。这样，通过测算政府投资对产出增长率的贡献率，就可以间接地反映出政府对产业网络的作用。

3. 如何考虑技术的因素

因为前面所说的技术进步都是指希克斯中性技术进步，也就是说没有考虑到技术通常是依附在资本和劳动力的投入上对产出发生影响的因素。现实情况是技术并不经常会均等地提高资本和劳动的

质量及其生产率，不是中性的而是有偏的，所以为了考虑到技术进步有偏的情况，我们还要用其他因素补充一下，比如说将专利产出水平作为补充手段加以综合判断。

技术创新的投入有时候很难从整个创新过程中分离出来，从产品研发、设计、生产、销售的各个环节都会产生创新，不仅仅有研发的创新，还有工具的创新、工艺的创新、流程的创新，等等，而这些环节的创新都有申请专利的可能。所以，如果仅仅从衡量研发的投入和专利产出的角度衡量创新的绩效，往往会放大了研发投入的绩效。所以，本书采用一种简单实用的方法，也就是根据专利分类号，从时间的维度纵向比较某个产业专利的产出水平和从国别的角度横向比较相同产业的专利产出水平，这能够从一个侧面得出综合考虑了制度因素和技术因素的对创新效率的评价。

4. 如何消除主观性或样本不足带来的影响

回顾以往文献，对于C—D生产函数中弹性系数的估计，大多是采用比例法、经验法、多元回归分析等来得到参数近似值，但是由于社会、经济系统大多属于少数据、贫信息、不确定性大的“灰色”系统①，所以上述方法往往存在如下不足：

(1) 经验法是通过对研究对象的深入分析，依据经验对弹性系数的值作出判断，这种方法容易计算，易于普及，但理论依据不足，主观随意性较大。

(2) 比例法是先做一定的经济假设，然后用某种经济比例法来对弹性系数的值进行估算。由于采用这种假设的比例作为资本投入和劳动投入的产出弹性系数，所以数学基础不充分。

(3) 回归分析法是以一定假设条件下的生产函数为基础，利用相关样本数据，通过最小二乘法得到参数的拟合方法。这种方法的

① 1982年，北荷兰出版公司出版的《系统与控制通讯》(*Systems & Control Letters*) 杂志刊载了我国著名学者邓聚龙教授的《灰色系统的控制问题》(The Control Problems of Grey Systems)，可认为是灰色系统理论的发端。灰色系统理论的出现已经引起国内外学术界的广泛关注。

优点是比较客观，但也存在一些明显的不足，比如：样本多少会对回归结果产生较大影响，数据量少会使回归结果缺乏代表性；要求样本的分布特征与某个典型的概率分布相符合，要求各因素数据与系统特征数据之间呈线性相关性且各因素之间不能自相关，这种要求在现实中往往很难满足；并且所得参数是某段时期的平均值；自变量也可能有多重共线性等问题。

而灰色关联分析法能够弥补上述方法在对灰色系统进行分析时存在的缺憾，它所依据的灰色系统理论是专门针对小样本、贫信息和不确定性系统进行研究的新的理论体系，主要通过对部分已知信息的分析处理，提取有价值的信息，对系统运行状况、演化规律进行正确地描述和有效地监控，已发展成为集系统分析、评估、建模、预测、决策、控制、优化技术于一体的新兴的理论体系。① 灰色关联分析法的基本思想是根据数据序列曲线几何形状的相似度来判断其联系的紧密度。曲线几何形状越接近，相应序列之间的关联度就越大，反之就越小，从而可以判断引起系统发展的主要因素和次要因素。灰色关联分析法对大小样本以及样本有无规律同样适用，而且计算量小，十分方便，不受量纲因素的影响，更不会出现量化结果与定性分析结果不符的情况。作者认为，这种方法比较适合对产业网络这种动态不确定性系统进行分析，所以，本书即采用了灰色关联分析方法来估算 C—D 生产函数中弹性系数，并结合索罗余值法，对技术创新以及各生产要素对产业网络的产出增长的贡献率进行测度。

3.4.3　模型的设定和关键参数估计方法

1. 模型的设定

索罗余值法以改进的 C—D 生产函数 $Y=A(t)K^{\alpha}(t)L^{\beta}(t)$ 为

---

①　刘思峰、党耀国、方志耕：《灰色系统理论及其应用》，北京，科学出版社，2008。

基础，有三条基本假设：

假设1：生产函数是齐次函数，具有规模报酬不变性，即 $\alpha+\beta=1$；

假设2：资本与劳动之间具有完全替代关系；

假设3：资本和劳动的投入遵循边际生产率递减规律。

本书为了测算政府投资对产出增长率的贡献率，间接地反映出政府对产业网络的作用，提出第四条假设：

假设4：将C—D生产函数 $Y=A(t)K^{\alpha}(t)L^{\beta}(t)$ 中的 $K(t)$ 分解为两部分，$K_{\bar{G}}(t)$ 和 $K_G(t)$ 分别代表非政府的资本投入和政府投资，θ 为政府投资的弹性系数。假设3可变为 $\alpha+\theta+\beta=1$。

进一步地，将 $Y=A(t)K^{\alpha}(t)L^{\beta}(t)$ 变换为

$$Y=A(t)K_{\bar{G}}^{\alpha}(t)K_G^{\theta}(t)L^{\beta}(t) \tag{3—1}$$

其中 Y 为产出，是 t 的函数；$A(t)$ 表示不同时间的综合技术水平，其他参数的意义同前。分别对式（3—1）两边取自然对数，然后对时间 t 求导，得：

$$\frac{1}{Y}\cdot\frac{\mathrm{d}Y}{\mathrm{d}t}=\frac{1}{A}\frac{\mathrm{d}A}{\mathrm{d}t}+\alpha\frac{1}{K_{\bar{G}}}\frac{\mathrm{d}K_{\bar{G}}}{\mathrm{d}t}+\theta\frac{1}{K_G}\frac{\mathrm{d}K_G}{\mathrm{d}t}+\beta\frac{1}{L}\frac{\mathrm{d}L}{\mathrm{d}t} \tag{3—2}$$

$$\text{令}\quad\begin{cases} y=\dfrac{1}{Y}\cdot\dfrac{\mathrm{d}Y}{\mathrm{d}t}\text{，表示产出增长率} \\ \mu=\dfrac{1}{A}\dfrac{\mathrm{d}A}{\mathrm{d}t}\text{，表示技术进步率} \\ k_{\bar{G}}=\dfrac{1}{K_{\bar{G}}}\dfrac{\mathrm{d}K_{\bar{G}}}{\mathrm{d}t}\text{，表示非政府资本投入增长率} \\ k_G=\dfrac{1}{K_G}\dfrac{\mathrm{d}K_G}{\mathrm{d}t}\text{，表示政府投资增长率} \\ l=\dfrac{1}{L}\dfrac{\mathrm{d}L}{\mathrm{d}t}\text{，表示劳动力投入增长率} \end{cases} \tag{3—3}$$

则式（3—2）可以简化为：

$$y=\mu+\alpha k_{\bar{G}}+\theta k_G+\beta l \tag{3—4}$$

式（3—4）两边同时除以 y，可得

$$\frac{\mu}{y}+\frac{\alpha k_{\bar{G}}}{y}+\frac{\theta k_G}{y}+\frac{\beta l}{y}=1 \tag{3—5}$$

$\frac{\mu}{y}$、$\frac{\alpha k_{\bar{G}}}{y}$、$\frac{\theta k_G}{y}$、$\frac{\beta l}{y}$分别表示技术创新、非政府资本投入、政府投资、劳动投入对产出增长的贡献率。

2. 弹性系数 α、θ、β 的灰色估计

通过灰色关联分析法来确定 α、θ 和 β 的值。设产出收入 Y，非政府资本投入 $K_{\bar{G}}$，政府投资 $K_{\bar{G}}$，劳动力投入 L 的时间序列分别为：

$$X_Y(t)=\{X_Y(1),X_Y(2),\cdots,X_Y(n)\}$$
$$X_{K\bar{G}}(t)=\{X_{K\bar{G}}(1),X_{K\bar{G}}(2),\cdots,X_{K\bar{G}}(n)\}$$
$$X_{KG}(t)=\{X_{KG}(1),X_{KG}(2),\cdots,X_{KG}(n)\}$$
$$X_L(t)=\{X_L(1),X_L(2),\cdots,X_L(n)\}$$

第 1 步：先求各时间序列的初值像，进行无量纲化。令

$$X_i'=X_i/x_i(1)=(x_i'(1),x_i'(2),\cdots,x_i'(n))$$
$$i=Y,K_{\bar{G}},K_G,L$$

第 2 步：求差序列。记

$$\Delta_i(t)=|x_Y'(t)-x_i'(t)|,t=1,2,\cdots,n;i=K_{\bar{G}},K_G,L$$

第 3 步：求两极最大差与最小差。记

$$M=\max_i\max_t\Delta_i(t),\ m=\min_i\min_t\Delta_i(t)$$
$$t=1,2,\cdots,n;i=K_{\bar{G}},K_G,L$$

第 4 步：求关联系数

$$\gamma_{Yi}(t)=\frac{m+\xi M}{\Delta_i(t)+\xi M},\xi\in(0,1)$$

$$t=1,2,\cdots,n;i=K_{\bar{G}},K_G,L$$

其中，ξ 称为分辨系数，一般将分辨系数设为 $\xi=0.5$。

第 5 步：计算关联度

$$\gamma_{Yi}=\frac{1}{n}\sum_{t=1}^{n}\gamma_{Yi}(t),i=K_{\bar{G}},K_G,L$$

$\gamma_{YK_{\bar{G}}}$ 表示产出与非政府资本投入之间的关联度，γ_{YK_G} 表示产出与政府投资之间的关联度，γ_{Y_L} 表示产出与劳动力投入之间的关联度。

第 6 步：对 α、θ 和 β 进行灰色估计。令

$$\alpha=\frac{\gamma_{YK\bar{G}}}{\gamma_{YK\bar{G}}+\gamma_{YKG}+\gamma_{YL}},\theta=\frac{\gamma_{YKG}}{\gamma_{YK\bar{G}}+\gamma_{YKG}+\gamma_{YL}},$$

$$\beta=\frac{\gamma_{YL}}{\gamma_{YK}+\gamma_{YKG}+\gamma_{YL}}$$

这样处理的本质是基于 $\alpha+\theta+\beta=1$ 的假设，根据非政府资本投入、政府投资和劳动力投入对产出的关联度的大小来对 α、θ、β 的大小进行分配。

第4章 企业在产业网络集成创新中的策略选择

第 3 章主要从整个产业网络集成创新系统的角度，全面分析了系统的有机构成、治理结构及相应的集成创新模式，但是对于产业网络集成创新体系中最重要的两个行为主体——企业和政府的微观行为策略还没有做深入的理论分析，这正是本书第 4 章和第 5 章关注的重点。

本章将紧密结合企业在集成创新系统中面临的三个最重要的问题：横向技术创新选择策略，纵向主体价值和协同价值的创新权衡策略以及横向和纵向都会涉及的技术标准的兼容策略分别展开深入研究。

4.1 横向：基于技术创新选择策略的演化博弈

4.1.1 问题的提出

集成创新的产品一旦进入市场，产品技术信息

的公开将在所难免，产品的营销、销售和服务的过程会将集成创新产品的技术信息传递给消费者，同时也传递给公开或潜在的竞争对手，包括参与集成创新的合作伙伴。当然，每个企业也在时刻关注其他企业的进展，企业之间的关系始终在竞争与合作中动态变化，这样的环境决定了企业必须重视技术创新策略，这也是众多学者和企业家非常关注的问题之一。

应用博弈论研究企业的技术创新选择策略时，“智猪博弈”[①]是一个典型的例子。关于“智猪博弈”的一种描述是：假如猪圈里有一头大猪和一头小猪，两只可以做出理性选择的具有智慧的猪在同一个食槽进食。猪圈的一端有一个盛食槽，在猪圈的另一端有一个按压式开关，开关每被按压一次，就会有10个单位的食物进入盛食槽中，但是谁按开关谁就会付出2个单位的成本。若小猪按开关，则大、小猪吃到食物的收益比是9：1，扣除成本后是9：(—1)；若大、小猪同时按开关，则大小猪的收益比是7：3，扣除成本后是5：1，若大猪按开关，则大小猪的收益比是6：4，扣除成本后是4：4；如果谁都不按，无食可吃，皆为0。我们称之为经典的“智猪博弈”，如表4—1所示，其中的条件是谁按开关都要付出2个单位的成本，同时有10个单位的食物进入盛食槽。

表4—1　　经典“智猪博弈”模型的支付矩阵

大猪收益：小猪收益	小猪按开关	小猪等待
大猪按开关	5：1	4：4
大猪等待	9：(—1)	0：0

“智猪博弈”的例子说明，在博弈双方力量悬殊的情况下，强的一方应该采取主动出击的策略，行动优于等待；弱的一方应该采

① 张维迎：《博弈论与信息经济学》，上海，上海人民出版社，2004。

取等待策略，搭强者的便车，等待优于行动。[①] 这个“智猪博弈”模型给出了对与企业技术创新类似的决策活动的经济学解析。但是，若据此认为这种现象在经济活动中十分常见，得出“搭便车”是提供给实力相对较弱的中小企业在技术创新方面的一种最佳策略选择，那实际是对“智猪博弈”的极端和片面的理解。事实上，考虑到中小企业的自主创新和远期成长战略，“搭便车”的行为并不符合中小企业的实际情况。据中国科技部统计，自改革开放以来，大约 70%的技术创新、65%的国内发明专利和 80%以上的新产品来自中小企业，而 95%以上的中小企业是非公有制企业。[②] 在美国 80%左右的科研成果也是由中小企业实现产业化的。[③] 为什么会有这么多的中小企业进行自主创新？原因很简单，从长远来看，如果中小企业不进行自主创新，不形成自己的核心知识产权，就不会得到生存和发展。所以，如同许多经济学研究一样，经济学模型高度抽象了现实经济活动的特征，并在一定的假设和边界条件下研究一类特定问题，但是，不能推而广之到一般的情况。上述“智猪博弈”模型只能说明在基本条件不变的情况下，企业在某几个时间段内技术创新的最佳选择策略。对可变的条件和较长时间演化的情况，企业又该如何选择技术创新策略？这正是本节内容要研究的问题。企业的技术创新策略选择可以有自主创新、模仿创新和合作创新三类。我们先通过改变经典“智猪博弈”模型的假设，来分析中小企业面临大企业的竞争时，主动进行自主创新的可能性条件，进而再通过斯塔尔伯格双寡头博弈模型（Stackelberg Duopoly Game）来分析实力相当的企业之间应该如何选择技术创新策略。

---

① 参见岳峰：《“智猪博弈”对中小企业发展战略的启示》，载《桂林电子工业学院学报》，2005，25（6）。

② 参见全国工商联—研究室：《民营企业自主创新调研系列——民营企业是建设创新型国家的重要力量［R/OL］》（2007-03-08）. http://www.acfic.org.cn/Web/c_00000001000300010002003/d_11894.htm。

③ 参见兰旋、路艳婷：《中小企业自主创新与激励机制探讨——基于“智猪博弈”模型视角》，载《学习月刊》，2010（6）。

4.1.2 中小企业自主创新的策略分析·对经典“智猪博弈”的调整

为了鼓励和引导中小企业自主创新，增强中小企业的核心竞争力和抗风险能力，促进中小企业成长，我们需要对中小企业自主创新的条件加以分析，并制定相应的规则，来改善中小企业的创新环境。如下我们对经典“智猪博弈”的规则逐渐调整并进行分析，看能得到什么有益的启示。

1. 激励机制调整

假定对自主创新的企业给予 α 个单位的激励，则企业的收益矩阵变成了如表 4—2 所示的调整模型。

表 4—2　　激励中小企业自主创新的博弈模型

中小企业（小猪） 大企业（大猪）	原模型		调整模型	
	自主创新（按开关）	模仿引进（等待）	自主创新（按开关）	模仿引进（等待）
自主创新（按开关）	5：1	4：4	$(5+\alpha)$：$(1+\alpha)$	$(4+\alpha)$：4
模仿引进（等待）	9：(−1)	0：0	9：$(-1+\alpha)$	0：0

若要打破原模型中的占优均衡，则只需使中小企业采取自主创新行动时的收益大于其模仿引进时的收益即可，即 $1+\alpha>4\Rightarrow\alpha>3$，此时，中小企业由于自主创新的收益大于模仿引进的收益，因而会采用自主创新的策略；继续观察大企业，假如大企业的自主创新收益也大于模仿引进的收益，即 $5+\alpha>9\Rightarrow\alpha>4$，此时，大企业由于自主创新的收益大于模仿引进的收益，因而也会采取自主创新的策略；但是若出现 $5+\alpha\leqslant9\Rightarrow\alpha\leqslant4$ 的情况，由于大企业自主创新的收益小于等于模仿引进的收益，则大企业也会选择模仿引进策略。对于本模型，当 $3<\alpha\leqslant4$ 时，则会出现唯一的占优均衡（大企业模仿引进、小企业自主创新）。

由此可见，只要自主创新得到的收益超过模仿引进得到的收益，中小企业就会主动放弃模仿引进的策略而主动创新，关键要看对博弈的核心指标如何设置，即对自主创新企业的激励达到什么样的程度。只要激励程度够大，大企业和中小企业都会采取自主创新的策略，否则，在中小企业具有较高自主创新选择的对应时期内，大企业也有可能选择"搭便车"。这个结论给创新政策的制定者——政府以良好的启示：自主创新的企业除了从市场上获取收益之外，政府部门也应该通过财政、金融、税收等手段对自主创新的企业给予适当激励，调动中小企业自主创新的积极性。

2. 约束机制调整

上述演化博弈的结果给我们的另一个启示是游戏规则在很大程度上决定了企业的行为选择。我们仍旧借用"智猪博弈"模型来说明，如果我们从市场约束机制的角度对博弈规则做另一种改进，在演化博弈的规则中再加上每一个时间段中要消耗一个单位的能量，能量为负的一方就淘汰出局（死亡），这样残酷的限制会导致储备雄厚的大猪故意不按开关，等待小猪出局后而独吞所有食物。背水一战的小猪在指望大猪按开关无望的情况下，只有拼死一搏按开关，通过改革提高自己的能力，给自己创造机会。如果再考虑信息不对称、行动和结果之间的时间延滞等因素，小猪也可能有充分的理由选择行动而不是等待。

我们也可以从政策约束机制的角度对博弈规则做进一步改进。如果把大猪和小猪分别关在两个猪圈中，每个猪圈中各有一个盛食槽和开关，按下开关后食物按一定比例流到两个盛食槽中，那么大猪和小猪都有了积极选择按开关的理由，因为无论谁选择按开关，大家都有食吃，区别只是数量不同。

同理，类比企业的创新行为，因为企业拥有的技术的价值会随时间的推移不断递减，相应的获利能力将下降，企业在不创新的情况下每天仍要有固定的运营成本支出。因为每个企业都期望使自己的效益最大化，所以无论是大企业还是中小企业，迫于市场和生存

的压力，都会倾向于选择自主创新，很少会选择等待的策略。只是要注意在自主创新的同时，通过专利、商标等法律方式保护好自己的知识产权，在适当的时间内获取适当的利益即可，这样的选择同样优于“搭便车”。对于政府的宏观市场管理来讲，这个结果对政策的制定也有一定的启示意义，在合适的时间内适当地采取贸易保护、市场准入、知识产权保护、创新扶持等政策措施，构造良好的局部经济环境，可以充分调动各类企业技术创新的积极性。

3. 差异化的自主创新策略

以上演化分析的结论表明，博弈论“智猪博弈”模型描述的“搭便车”是中小企业最佳决策的规律，只是在某个时间段内出现的，并不是动态变化过程的全部特征描述，即“搭便车”并不是中小企业技术创新的唯一最佳选择。为了更清楚地描述这个问题，我们可以继续借用经典的“智猪博弈”模型来说明，对模型进行如下调整：在猪圈中原有盛食槽的远端再增加一个盛食槽，按下开关后食物按一定比例流到两个盛食槽中。当按下开关后，聪明的大猪会跑向食物多的盛食槽；聪明的小猪可以跑向另一个盛食槽，在大猪吃完第一个盛食槽的食物来到这个盛食槽之前，获取尽可能多的食物。这样的游戏规则改变也给了小猪选择按开关的理由。现实经济系统是一个复杂的经济生态大系统，每个经济体都有自身的生存空间，占据对应的生态位置，构成一个相互依存的世界。任何一个经济体，无论其力量有多大，都不可能在一定时空范围内，占据所有的生存空间，或在所有领域都具有绝对优势。中小企业有其特定的生存空间，并在特定范围内有一定优势，在技术创新中可以通过差异化战略措施，避开与大企业的正面竞争，在有优势的领域开拓，这也可以做到行动优于等待。

4. 由竞争走向合作的自主创新策略

如果对“智猪博弈”模型的游戏规则再做另一种改进，允许大猪和小猪“协商”后采取行动，那结果会怎样呢？“智猪博弈”中将不仅只有竞争，也有合作，那么，他们就有可能会找出对双方都

有利的行动方案，共同承担成本和分享利益。由于合作可以降低成本，可以使合作的各方共同获取部分利益，企业间就可能会倾向于选择合作，“搭便车”现象则相对减少。由于实力不同，中小企业会比大企业更倾向于选择合作。

现实经济活动中广泛存在着合作和竞争，博弈各方为了获取更多的利益，可以通过协商组成利益共同体，共同获取可以争取到的最大利益。比如在“智猪博弈”模型中，可行的较好方案之一是大家轮流按开关，而不是都不按开关或同时按开关。轮流按开关一次（共两次）后，大猪可得 13 个单位食物，而小猪可得 3 个单位食物，避免了可能都没有食物的危险。如果大家合作愉快，小猪也可能获取更多的利益，通过协商可以使各方更看中的是长期收益预期。这同样也是中小企业选择技术创新而不是“搭便车”的理由，中小企业完全可以在合作中获取收益，关键是自身是否具有与强者合作的力量，不行动的结果可能是最终根本没有选择合作的机会。

此外，决策的收益与成本之比也会在很大程度上决定企业的行为选择。如果小猪足够聪明，可以把按开关的成本降低到一个单位，同时提高自身的能力，在自己按开关后的竞争中多获得一个单位的食物，这样的收益与成本之比也给小猪选择按开关的理由。在现实经济活动中，综合实力相对薄弱的中小企业，在选择技术创新策略时，需要充分利用自身特点，发挥机制灵活、反应迅速、综合创新成本低等优势。在确保以较低的创新成本取得较高的创新收益的情况下，也可以采取主动实施创新行动而非等待的策略，以争取在较短的时间内获得更大的收益。

当然，还有很多其他的因素能够给中小企业在技术创新中选择行动的理由，这里就不再一一赘述。

4.1.3　实力相当企业间的技术策略选择·基于斯塔尔伯格模型的分析

我们在 4.1.2 小节主要分析了中小企业面临大企业竞争压力

时，应该如何选择技术创新策略。但是，在完全市场经济的条件下，很少有企业能够在其所属的产业中维持一家独大的局面，至少会存在一家实力基本相当的挑战者，那么实力相当的企业之间在面临技术创新策略选择的时候应该如何决策，这正是本小节要研究的内容。理论分析来源于对现实的高度抽象，我们在分析问题的时候，为了分析方便，我们可以假设企业从事的是过程创新，也就是将企业通过相对高价销售创新产品而获取的收益，视作企业因技术创新降低原产品的生产成本而获取的收益，并且我们透过对现实经济现象的观察也可以发现，企业的创新往往不是同时发生，而总是率先由某个企业发起，然后竞争企业观察到市场动向之后采取决策，呈现出一种你追我赶竞相创新的态势。这样我们就可以借助于完全信息动态博弈的思想，采用斯塔尔伯格双寡头博弈模型（Stackelberg Duopoly Game）来对本小节的问题进行研究，研究的结论也同样能适用于多寡头的情况。

分析之前，我们先做如下定义和假设：

假设 1：市场上存在生产同类产品的两个厂商，厂商 1 和厂商 2，它们为了争夺市场，扩大市场份额，竞相采用技术创新降低单位产品的生产成本。当然，技术创新需要投入，也会产生相应的开发成本。厂商的决策包括选择技术创新的成本投入和产品的产量，保证各自的利润最大化。

定义 1：厂商 1 和厂商 2 的产量分别是 q_1 和 q_2，利润分别为 π_1 和 π_2。

假设 2：对两个厂商来讲，技术创新能够使产品的单位成本降低相同的 μ，这对两个竞争厂商来讲创新才有意义。因自主创新而需要投入的单位成本为 ω_Z，因模仿创新而需要投入的单位成本为 ω_M，$\omega_Z=\rho_Z\cdot\mu$，$\omega_M=\rho_M\cdot\mu$，ρ_Z，ρ_M 均为常数，且 $0<\rho_Z$，$\rho_M<1$，保证单位产出要大于单位投入，创新才有意义。

假设 3：厂商 1 和厂商 2 的产量分别是 q_1 和 q_2，具有相同的边际成本 δ。厂商 1 的生产成本函数为 $C(q_1)=cq_1$，厂商 2 的生产

成本函数为 $C(q_2)=cq_2$，并假设厂商 1 和厂商 2 的生产都没有固定成本。

假设 4：市场的需求函数为 $P=A-Q$，其中：P 为市场出清价格，A 为外生常数，$Q=q_1+q_2$。

1. 两厂商均选择自主创新策略的博弈分析

厂商 1 先行动，选择自身产量 q_1；厂商 2 观察到厂商 1 选择的产量后，再决策自己的产量 q_2。厂商 1 通常被称为领先者，厂商 2 通常被称为追随者。当两个企业都选择自主创新策略的时候，两个企业的利润可分别表示如下：

$$\pi_1=q_1(A-Q)-[C(q_1)+q_1\cdot\omega_Z-q_1\cdot\mu]$$

$$\pi_2=q_2(A-Q)-[C(q_2)+q_2\cdot\omega_Z-q_2\cdot\mu]$$

根据假设 2、假设 3 和假设 4，可以将上述两式进一步变换为

$$\pi_1=q_1[A-q_1-q_2-c+\mu(1-\rho_Z)]$$

$$\pi_2=q_2[A-q_1-q_2-c+\mu(1-\rho_Z)]$$

根据逆向归纳法以及厂商 2 和厂商 1 都追求利润最大化的假设，可得

$$q_1=\frac{A-c+\mu(1-\rho_Z)}{2},q_2=\frac{A-c+\mu(1-\rho_Z)}{4}$$

在此子博弈纳什均衡下，将上述解得的 q_1 和 q_2 代入前面变换后的 π_1 和 π_2 的表达式，可得厂商 1 和厂商 2 的利润分别为

$$\pi_1=\frac{[A-c+\mu(1-\rho_Z)]^2}{8},\pi_2=\frac{[A-c+\mu(1-\rho_Z)]^2}{16}$$

根据从这个均衡求出的厂商 1 和厂商 2 的利润可以得出结论：在厂商都选择自主创新策略时，率先创新者的收益明显占据优势。

2. 两厂商分别选择自主创新和模仿创新策略的博弈分析

自主创新者一定是率先行动，这样后行动者才能有模仿的机

会。我们仍然假设厂商 1 先行动，选择自身产量 q_1；厂商 2 观察到厂商 1 选择的产量后，再决策自己的产量 q_2。在厂商 1 选择自主创新策略，厂商 2 选择模仿策略的情况下，两个企业的利润可分别表示如下：

$$\pi_1=q_1(A-Q)-[C(q_1)+q_1\cdot\omega_Z-q_1\cdot\mu]$$
$$\pi_2=q_2(A-Q)-[C(q_2)+q_2\cdot\omega_M-q_2\cdot\mu]$$

根据逆向归纳法以及厂商 2 和厂商 1 都追求利润最大化的假设，可得：

$$q_1=\frac{A-c+\mu(1+\rho_M-2\rho_Z)}{2},$$
$$q_2=\frac{A-c+\mu(1-3\rho_M+2\rho_Z)}{4}$$

同前述第一种情况的解法，可将两个企业博弈之后的最终利润分别表示如下：

$$\pi_1=\frac{[A-c+\mu(1+\rho_M-2\rho_Z)]^2}{8},$$
$$\pi_2=\frac{[A-c+\mu(1-3\rho_M+2\rho_Z)]^2}{16}$$

从上述利润表达式不能明显看出 π_1 和 π_2 的大小，两种情况皆有可能。

若 $\pi_1\geqslant\pi_2$，根据 π 的表达式我们能分析出有可能的原因是先行动的厂商 1 在自主创新成功之后对技术采取有效的保护措施，抬高了后行动的厂商 2 的模仿创新成本，比如专利购买成本，等等；此外先行动的厂商 1 因为创新而先进入市场，拥有的市场份额也比后进入的厂商 2 要大。如果厂商 1 能配合适当的市场策略保持其先发优势，迅速扩大用户基础，形成网络规模优势进而实现正反馈，就更容易形成对后行动的厂商 2 的持续优势，从而使优先创新者获

得应有的回报。

若$\pi_1 \leqslant \pi_2$，根据π的表达式我们能分析出有可能的原因是先行动的厂商 1 在自主创新的过程中，因为没有成熟的经验可循，而投入了较大的探索和创新成本，并且在创新成功之后，没有做好对相关核心技术的保密工作，没用重视知识产权的保护，而导致自己掌握的核心技术快速扩散，使厂商 2 用较低的成本获取了新技术，并在厂商 1 既有经验教训的基础上快速和低成本地模仿开发。也有可能是厂商 1 没有在领先的时间内快速取得市场优势，用户基础尚未达到正反馈的临界值，就被厂商 2 后来居上，从而出现新技术的原创者并不是新技术的最大获益者的结局。

上述两类情况，在现实经济活动中也有很多活生生的案例，比如：IBM 公司因为不断地推陈出新，引领技术的发展方向，并重视知识产权的保护，而始终保持其计算机行业的老大地位就是这方面的典型案例。据美国商业专利数据库（IFI Claims Patent Services）2012 年初发布的数据显示，全球最大的电脑服务供应商 IBM 在 2011 年获得 6 180 项专利，连续 19 年蝉联全美专利最多的公司，IBM 的表现突出反映了该公司利用知识产权保护引领技术潮流的意识。[①] 而历史上因模仿而超越被模仿者的案例更是比比皆是，比如日本的丰田汽车公司从一个坚守模仿比创造更简单信条的日本汽车小厂，一直发展到了从模仿中不断学习的全球最大汽车生产商[②]，就是模仿者后来居上的典型案例。

3. 两厂商选择合作创新策略的博弈分析

若厂商 1 和厂商 2 仍然各自独立开发市场，但是为了降低技术创新的成本投入和风险，在技术创新方面选择合作策略，则合理的

① 参见腾讯科技：《IBM 引领技术潮流 连续 19 年蝉联专利冠军》，2012-01-12，http://www.enet.com.cn/article/2012/0112/A20120112956215.shtml。

② 参见杨静、张文君：《由模仿缔造销量传奇 丰田品牌历史介绍》，2011-12-17，http://auto.hexun.com/2011-12-17/136404958.html。

方式之一就是两家厂商平均分摊技术创新投入成本。①

根据假设 2，厂商 1 和厂商 2 平均承担的技术创新单位成本为 $\frac{\omega_Z}{2}$，两厂商合作进行技术创新的其他参数均与两厂商独自进行技术创新时相同，与独立自主创新策略的计算方法相同，所不同的就是将独立自主创新策略计算模型中的 ρ_z 替换为 $\frac{\rho_z}{2}$。

厂商 1 和厂商 2 的产量分别为：

$$q_1=\frac{A-c+\mu\left(1-\frac{\rho_Z}{2}\right)}{2},q_2=\frac{A-c+\mu\left(1-\frac{\rho_Z}{2}\right)}{4}$$

最终厂商 1 和厂商 2 的利润分别如下：

$$\pi_1=\frac{\left[A-c+\mu\left(1-\frac{\rho_Z}{2}\right)\right]^2}{8},\pi_2=\frac{\left[A-c+\mu\left(1-\frac{\rho_Z}{2}\right)\right]^2}{16}$$

很明显，合作创新无论在产量还是利润上，均大于各自独立进行技术创新时的产量和利润。

由此可见，合作创新方式不仅降低了厂商 1 和厂商 2 的技术创新投入成本，还使市场份额扩大，利润有所增加，厂商 1 和厂商 2 也从中增加了各自的收益，取得了共赢的局面，形成新的纳什均衡。所以，理论上厂商在各自独立创新与合作创新的策略选择中会选择后者，前提是要有完善的约束机制来制约任何一个合作方破坏均衡的投机行为。

4.1.4 小结

总之，企业进行技术创新可以获得高额回报，但技术创新要付

① R. Burgelman, M. A. Maidiqu, and S. C. Wheelwright. *Strategy Management of Technology and Innovation* [M]. New York: McGraw-Hill, 2004.

出巨额投资，也要承担失败的风险。在中小企业的技术创新和经营中，学会如何“搭便车”是一种精明的决策，经典“智猪博弈”模型在一定程度上描述了这样选择的理由。但从经济系统动态演化的角度分析，这不是事情的全部，有许多理由可以让中小企业在技术创新中选择行动而不是等待。把“智猪博弈”放在动态的生态经济大系统中考虑，对我们更全面理解这个问题有非常重要的启示作用。中小企业在技术创新中，如果能够认清自身的优势，通过改革提高自身的竞争能力，提高收益与成本之比，或者通过合作降低创新成本，同时尽可能多地利用有利的环境条件，完全有理由选择主动创新而不是等待。

此外，企业在技术创新的过程中要注意对核心技术的保密，保护好自己的知识产权并利用先发优势快速形成正反馈的市场局面，增大模仿者的模仿成本和市场进入成本，以免给模仿者以后来居上的机会。如有可能，企业之间进行合作则会分担技术创新成本，降低失败的风险，共同培育市场，降低市场开发成本，形成多方共赢的局面，但是合作企业之间都会面临投机者打破均衡、破坏合作的风险，因此有效的激励约束机制，对合作技术创新非常重要。

4.2　纵向：基于主体价值和协同价值创新权衡策略的动态博弈

4.2.1　基于价值链问题的描述与假设

集成创新是多主体协作的创新模式，多个行为主体在集成创新过程中产生各种形式的链接关系，形成产业网络。网络的价值包括两部分：网络节点的自有价值和节点间的协同价值。若这些行为主体（网络节点）在集成创新过程中能有效协同，使自身与网络的价值得到增值，则整个产业网络就会呈现出正的网络外部性；否则，呈现出的就是负的网络外部性。

下面就围绕产业网络内集成创新行为的主体价值和主体间的协同价值，也就是网络节点的自有价值和节点间的协同价值问题，通过产业网络集成创新中两类重要的节点——即集成创新中的集成商与供应商之间竞争与合作的动态博弈分析来展开研究。

我们先对问题进行简化抽象，做如下定义和假设：

定义1：集成创新中的集成商为 I，供应商为 S。供应商 S 生产配件的单位成本是 C_S，卖给集成商 I 的价格是 P_S；集成商 I 将配件组装成产品 F 的单位追加成本是 C_I；其他厂商生产单位产品 F 要追加的成本是 C_O。

定义2：市场上产品 F 的总产量是 $Q_F=q_I+\bar{q}_I$，其中 q_I 是集成商 I 的产量，$\bar{q}_I$ 是其他厂商的产量。

因此，集成商 I 和供应商 S 的利润可分别表示为①

$$\pi_I=(P_I-P_S-C_I)q_I \tag{4—1}$$

$$\pi_S=(P_S-C_S)q_S \tag{4—2}$$

假设1：集成商 I 每生产一单位的产品 F 就需要供应商 S 提供一单位的配件，即 $q_I=q_S$。

假设2：最终产品 F 的市场出清价格是 P_F，根据反需求函数，得

$$P_F=m-nQ_F\text{，其中 } m,n>0 \tag{4—3}$$

在开始博弈分析之前我们再做如下假设：

假设3：完全信息假设，即集成商 I 和供应商 S 相互具有完全信息，相互完全了解对方的成本情况。

假设4：无限重复博弈假设，即集成商 I 和供应商 S 之间的博弈是无限重复博弈。

假设5：集成商 I 和供应商 S 具有两种选择策略：

---

① 青木昌彦：《企业的合作博弈理论》，北京，中国人民大学出版社，2005。

（1）使自身利润分别最大化。

（2）使两者利润之和 $\pi_I+\pi_S$ 最大化。

若使自身利润最大化，则选择竞争策略；若使两者利润之和最大化，则选择合作策略。两者的策略集分别是 I（竞争，合作），S（竞争，合作），因此对应着集成商 I 和供应商 S 的四种不同的策略组合：竞争—竞争，竞争—合作，合作—竞争，合作—合作。集成商和供应商将根据对方策略来调整自己在集成创新中相对应的策略。接下来，我们来分析上述四种策略组合的收益情况。

4.2.2 “竞争—竞争”

根据前面的定义和假设，“竞争—竞争”动态博弈可以分为两个阶段，第一阶段，供应商 S 以最优价格 P_S 向集成商 I 供给配件，并使自身的利润 π_S 最大化；第二阶段，集成商 I 以最优产量 q_I 生产最终产品 F，以达到其利润 π_I 最大化。集成商和供应商都以自身利润最大化为目标，即：

$$\max_{P_S}\pi_S=(P_S-C_S)q_I \tag{4—4}$$

$$\max_{q_I}\pi_I=(P_I-P_S-C_I)q_I \tag{4—5}$$

由动态博弈的逆向归纳法可知，我们可以先根据第二阶段集成商 I 利润最大化的条件，若使第二阶段集成商 I 的利润最大化，则需要其利润函数对 q_I 的一阶导数为零，由式（4—5）可得：

$$\begin{aligned}\frac{\mathrm{d}\pi_I}{\mathrm{d}q_I}&=\frac{\mathrm{d}(P_I-P_S-C_I)}{\mathrm{d}q_I}q_I+P_I-P_S-C_I\\&-\left(\frac{\mathrm{d}P_I}{\mathrm{d}q_I}q_I\right)+P_I-P_S-C_I\\&=\left(\frac{\mathrm{d}P_I}{\mathrm{d}q_I}\cdot\frac{\mathrm{d}Q_F}{\mathrm{d}Q_F}\cdot q_I\right)+P_I-P_S-C_I=0\end{aligned} \tag{4—6}$$

由定义 2 的条件 $Q_F=q_I+\bar{q}_I\Rightarrow\frac{\mathrm{d}Q_F}{\mathrm{d}q_I}=1$，所以可将式（4—6）

做恒等变换得：

$$\frac{P_I - P_S - C_I}{P_I} = -\frac{\mathrm{d}P_I}{\mathrm{d}q_I} \cdot \frac{\mathrm{d}Q_F}{\mathrm{d}Q_F} \cdot \frac{q_I}{P_I}$$

$$= -\frac{\mathrm{d}P_I / P_I}{\mathrm{d}Q_F / Q_F} \cdot \frac{q_I}{Q_F} \cdot \frac{\mathrm{d}Q_F}{\mathrm{d}q_I}$$

$$= -\frac{\mathrm{d}P_I / P_I}{\mathrm{d}Q_F / Q_F} \cdot \frac{q_I}{Q_F} \tag{4—7}$$

令$-\dfrac{\mathrm{d}Q_F / Q_F}{\mathrm{d}P_I / P_I} = E_P$，表示集成商 I 在产量最优的情况下，市场上对产品 F 需求的价格弹性。

$\dfrac{q_I}{Q_F}$实际上就是集成商 I 生产的最终产品 F 的市场占有率，我们用 γ_I 表示。

式（4—7）可变为：

$$\frac{P_I - P_S - C_I}{P_I} = \frac{\gamma_I}{E_P} \tag{4—8}$$

进而由式（4—8）得到：

$$P_I = \frac{P_S + C_I}{1 - \dfrac{\gamma_I}{E_P}} \tag{4—9}$$

由于 $P_F = P_I$，联合$-\dfrac{\mathrm{d}Q_F / Q_F}{\mathrm{d}P_I / P_I} = E_P$和式（4—3），得：

$$E_P^I = \frac{P_I}{m - P_I} \tag{4—10}$$

$$\gamma_I = \frac{m - 2(P_S + C_I) + C_O}{2m - (P_S + C_I) - C_O} \tag{4—11}$$

将式（4—10）、式（4—11）代入式（4—9），可得集成商 I 在产量最优、利润最大情况下的价格

$$P_I^* = \frac{m + P_S + C_I + C_O}{3} \tag{4—12}$$

联合式（4—12）、式（4—1）、式（4—2）、式（4—3），可得：

$$q_I^* = \frac{2m + P_S + C_I + C_O}{3n} \tag{4—13}$$

$$\pi_I^* = (P_I - P_S - C_I)q_I^* = \frac{(m - 2P_S - 2C_I + C_O)^2}{9n} \tag{4—14}$$

$$\pi_S^* = (P_S - C_S)q_S = \frac{(P_S - C_S)(m - 2P_S - 2C_I + C_O)}{3n} \tag{4—15}$$

接下来，我们再根据第一阶段博弈求 P_S 的表达式。供应商 S 以最优价格 P_S 向集成商 I 供给配件，并使自身的利润 π_S 最大化，即$\frac{d\pi_S}{dP_S}=0$，结合式（4—15）可得：

$$P_S^{1^*} = \frac{m - 2C_I + 2C_S + C_O}{4} \tag{4—16}$$

将式（4—16）代入式（4—12）、式（4—13）、式（4—14）、式（4—15），得：

$$P_I^{1^*} = \frac{5m + 2C_I + 2C_S + 5C_O}{3} \tag{4—17}$$

$$q_I^{1^*} = \frac{7m - 2C_S - 2C_I - 5C_O}{12n} \tag{4—18}$$

$$\pi_S^{1^*} = \frac{(m - 2C_S - 2C_I + C_O)^2}{24n} \tag{4—19}$$

$$\pi_I^{1^*} = \frac{(m - 2C_S - 2C_I + C_O)^2}{36n} \tag{4—20}$$

比较式（4—19）和式（4—20）两式可以看出，在基于价值链的“竞争—竞争”动态博弈中，供应商 S 获得的利润大于集成商 I

获得的利润，将上述两式相加可知，二者利润之和如式（4—21）所示。

$$\pi_{S+I}^{1*}=\frac{5(m-2C_S-2C_I+C_O)^2}{72n} \tag{4—21}$$

4.2.3 "竞争—合作"

在博弈的第一阶段，供应商 S 选择竞争策略，采取最优价格 P_S 向集成商 I 供给配件，以使其利润 π_S 最大化；在博弈的第二阶段，集成商 I 采用合作策略，选择产量 q_I 生产最终产品 F，以使供应商 S 和集成商 I 两者的利润总和最大化。即：

$$\max_{P_S}\pi_S=(P_S-C_S)q_I \tag{4—22}$$

$$\begin{aligned}\max_{q_I}\pi_{I+S}&=(P_I-P_S-C_I)q_I+(P_S-C_S)q_I\\&=(P_I-C_I-C_S)q_I\end{aligned} \tag{4—23}$$

由动态博弈的逆向归纳法，首先根据博弈的第二阶段的条件，即式（4—23）对 q_I 的一阶导数等于零，并通过与 4.2.1 小节类似的计算过程，得：

$$\gamma_I=\frac{m-2(P_S+C_I)+C_O}{2m-(P_S+C_I)-C_O} \tag{4—24}$$

$$P_I^*=\frac{m+P_S+C_I+C_O}{3} \tag{4—25}$$

$$q_I^*=\frac{2m-C_S-C_I+C_O}{3n} \tag{4—26}$$

$$\pi_I^*=\frac{(m-3P_S-2C_I+C_O)(m-2P_S-2C_I+C_O)}{9n} \tag{4—27}$$

$$\pi_S^*=\frac{(P_S-C_S)(m-2P_S-2C_I+C_O)}{3n} \tag{4—28}$$

接下来，我们再根据第一阶段博弈求 P_S 的表达式。供应商 S

以最优价格 P_S 向集成商 I 供给配件，并使自身的利润 π_S 最大化，即 $\frac{\mathrm{d}\pi_S}{\mathrm{d}P_S}=0$，通过与 4.2.1 小节类似的计算过程得：

$$\pi_S^{2^*}=\frac{(m-2C_S-2C_I+C_O)^2}{9n} \tag{4—29}$$

$$\pi_I^{2^*}=0 \tag{4—30}$$

$$\pi_{S+I}^{2^*}=\frac{(m-2C_S-2C_I+C_O)^2}{9n} \tag{4—31}$$

由式（4—29）、式（4—30）、式（4—31）三式可以看出，在基于价值链的“竞争—合作”动态博弈中，供应商 S 获得的利润大于集成商 I 获得的利润，集成商 I 的利润为 0。

4.2.4 “合作—竞争”

在博弈的第一阶段，供应商 S 选择合作策略，采取价格 P_S 向集成商 I 供给配件，以使供应商 S 和集成商 I 两者的利润总和最大化；在博弈的第二阶段，集成商 I 采用最优产量 q_I 生产最终产品 F，以使其自身利润 π_I 最大化：

$$\begin{aligned}\max_{P_S}\pi_{S+I}&=(P_S-C_S)q_I+(P_I-P_S-C_I)q_I\\&=(P_I-C_I-C_S)q_I\end{aligned} \tag{4—32}$$

$$\max_{q_I}\pi_I=(P_I-P_S-C_I)q_I \tag{4—33}$$

首先根据博弈的第一阶段的条件，即式（4—32）对 P_S 的一阶导数等于零：

$$\frac{\mathrm{d}(\pi_S+\pi_I)}{\mathrm{d}P_S}=\frac{-m-4P_S+6C_S+2C_I-C_O}{9n}=0 \tag{4—34}$$

通过与 4.2.1 小节类似的计算过程可以得出，在基于价值链的“合作—竞争”动态博弈中，供应商 S、集成商 I 的利润以及二者利润之和如下所示：

$$\pi_S^{3^*} = -\frac{(m-2C_S-2C_I+C_O)^2}{8n} \tag{4—35}$$

$$\pi_I^{3^*} = \frac{(m-2C_S-2C_I+C_O)^2}{4n} \tag{4—36}$$

$$\pi_{S+I}^{3^*} = \frac{(m-2C_S-2C_I+C_O)^2}{8n} \tag{4—37}$$

比较式（4—35）和式（4—36）两式可以看出，在基于价值链的“合作—竞争”动态博弈中，供应商 S 获得的利润为负数，小于集成商 I 获得的利润。

4.2.5 “合作—合作”

在整个博弈过程中，供应商 S 和集成商 I 均选择合作策略，供应商 S 选择价格 P_S 向集成商 I 供给配件，集成商 I 选择产量 q_I 生产最终产品 F，两者合作使利润总和最大化。通过与上述类似的计算过程可以得出，在基于价值链的“合作—合作”动态博弈中，供应商 S、集成商 I 的利润以及二者利润之和如下所示：

$$\pi_S^{4^*} = \frac{(m-2C_S-2C_I+C_O)^2}{9n} \tag{4—38}$$

$$\pi_I^{4^*} = \frac{(m-2C_S-2C_I+C_O)^2}{9n} \tag{4—39}$$

$$\pi_{S+I}^{4^*} = \frac{2\,(m-2C_S-2C_I+C_O)^2}{9n} \tag{4—40}$$

由上述三式可以看出，在基于价值链的“合作—合作”动态博弈中，供应商 S 和集成商 I 获得的利润相等，均为总利润的 1/2。

4.2.6 供应商和集成商动态博弈结果分析

根据上述分析计算，为了便于比较，本小节将基于价值链的供应商 S 和集成商 I 的动态博弈结果列表如下：

表 4—3　　基于价值链的供应商和集成商动态博弈结果对照表

利润 / 博弈策略	供应商利润 π_S^*	集成商利润 π_I^*	总利润 π_{S+I}^*
竞争—竞争	$\frac{(m-2C_S-2C_I+C_O)^2}{24n}$	$\frac{(m-2C_S-2C_I+C_O)^2}{36n}$	$\frac{5(m-2C_S-2C_I+C_O)^2}{72n}$
竞争—合作	$\frac{(m-2C_S-2C_I+C_O)^2}{9n}$	0	$\frac{(m-2C_S-2C_I+C_O)^2}{9n}$
合作—竞争	$-\frac{(m-2C_S-2C_I+C_O)^2}{8n}$	$\frac{(m-2C_S-2C_I+C_O)^2}{4n}$	$\frac{(m-2C_S-2C_I+C_O)^2}{8n}$
合作—合作	$\frac{(m-2C_S-2C_I+C_O)^2}{9n}$	$\frac{(m-2C_S-2C_I+C_O)^2}{9n}$	$\frac{2(m-2C_S-2C_I+C_O)^2}{9n}$

表 4—3 也可以看做供应商 S 和集成商 I 动态博弈的收益矩阵。参与者集合为：{供应商 S，集成商 I}，每个参与者的策略空间为：{竞争，合作}。从上述收益矩阵可以看出：

(1) 从单个厂商的获利情况来看，当供应商 S 和集成商 I 采用（竞争，合作）的策略组合时，供应商 S 获利最大，$\pi_S^*=\frac{(m-2C_S-2C_I+C_O)^2}{9n}$，与采用（合作，合作）策略组合时的获利相同；但此时集成商 I 的获利为 0，而其他策略组合情况下，集成商 I 获利都大于 0，因此集成商 I 肯定要改变这种策略组合，所以（竞争—合作）策略组合不是纳什均衡。

(2) 当供应商 S 和集成商 I 采用（合作，竞争）策略组合时，集成商 I 获利 $\pi_I^*=\frac{(m-2C_S-2C_I+C_O)^2}{4n}$，而供应商 S 获利为负，$\pi_S^*=-\frac{(m-2C_S-2C_I+C_O)^2}{8n}$。供应商一定会试图改变这种策略组合，因而（合作，竞争）的策略组合也不是纳什均衡。

(3) 当供应商 S 和集成商 I 采用（竞争，竞争）策略组合时，供应商和集成商的利润都为正值，$\pi_S^*=\frac{(m-2C_S-2C_I+C_O)^2}{24n}$，$\pi_I^*=\frac{(m-2C_S-2C_I+C_O)^2}{36n}$，但此时二者的利润之和 $\pi_{S+I}^*=$

$\frac{5(m-2C_S-2C_I+C_O)^2}{72n}$是四种策略组合中最小的。因为供应商 S 和集成商 I 之间的博弈是获利为正的重复博弈，所以（竞争，竞争）策略组合也不是纳什均衡策略。

（4）当供应商 S 和集成商 I 采用（合作，合作）的策略组合时，总利润 $\pi_{S+I}^{*}=\frac{2(m-2C_S-2C_I+C_O)^2}{9n}$为各种策略组合中的最大值；（合作，竞争）战略组合的总利润次之；（竞争，竞争）战略组合的总利润最小；且在（合作，合作）的策略组合的动态博弈中，供应商 S 和集成商 I 均获得了相同的正利润。由此可知，在重复博弈下，（合作，合作）策略组合是占优均衡策略。在无限重复博弈中配合处罚策略，可以在一定程度上保证供应商 S 和集成商 I 的理性行为。

4.2.7　小结

综上分析可以得出结论：供应商和集成商采用（合作，合作）的策略组合可以使利润之和最大化，也即可以使产业网络的价值最大化。将模型推而广之到多个供应商和一个集成商的情形也可以得到同样的结论。因此，采用合作策略进行集成创新是产业网络内企业间的最优选择。产业网络行为主体间的协同合作，会使整个集成创新行为的价值最大化，但需辅以合理的规则在行为主体间对收益进行合理分配。

4.3　全网：基于集成创新技术标准的兼容策略选择

4.3.1　问题的提出与界定

既然 4.1 节和 4.2 节的研究结论都得出合作能够使产业网络集成创新整体收益最大，那么由此可以得出结论，合作是对整个产业网络最有利的方式，基于合作基础上的集成创新当然就是产业网络中值得优先选择的创新方式之一。但是，因为集成创新会涉及不同

的创新行为主体（利益主体）、不同的子系统模块，各个模块间的接口界面（interface）等问题，所以技术标准的选择自然就成为处理好这些问题的核心和关键，况且技术发展到一定程度，技术标准就会成为市场的主宰。因此，各行为主体在技术标准方面，面临着许多关键的选择：究竟是应该立即追随一个现有的标准实现与它的兼容，还是应当在市场中进行一场标准战争，让其他行为主体主动与自己兼容？如果要进行竞争，那么应当采取什么样的策略？什么时候应当实现标准战争的和解，实现相互兼容？诸如此类的问题将始终萦绕着产业网络中的竞争者和集成创新的参与者，这也正是本节要关注和研究的问题。本节通过构造一个三阶段完全信息动态博弈模型，来分析不同情况下厂商的兼容策略选择。

兼容问题主要包括三类：互相兼容、单向兼容、互不兼容，考虑到集成创新的前提就是各参与主体技术标准的兼容，所以本节主要研究双向兼容和单向兼容问题，互不兼容的情况本可以忽略，但是为了保持对兼容问题研究的完整性，本书对互不兼容问题仅仅作简略交代。

分析之前，我们先做如下定义和假设：

假设博弈在两个厂商间展开，厂商 1 和厂商 2 都有自己的技术标准。

定义博弈结构分为三个阶段：第一个阶段厂商做兼容决策；第二个阶段厂商做定价决策；第三个阶段消费者做购买决策。

定义消费者的效用函数为 $U(\beta_i, p_i, \eta, \alpha, \varepsilon, \delta, q, \varphi)$，$i=1, 2$，其中：

β_i 表示厂商 i 产品的边际效用。

p_i 表示厂商 i 的产品价格。

η 表示消费者规模。

α 表示网络外部性密度。

ε 表示消费者个人对某种技术标准的偏好差异程度（$\varepsilon \in [0, 1]$），$\varepsilon=0$ 表示完全偏好所选择的技术标准，$\varepsilon=1$ 表示完全不偏好

所选择的技术标准。

δ 某种技术标准与消费者偏好不完全相同时，消费者的单位效用损失。

q 表示厂商 1 技术标准的市场占有率（$q\in[0, 1]$），则厂商 2 技术标准的市场占有率可表示为 $1-q$。

φ 表示兼容程度（$\varphi\in[-1, 1]$），$\varphi=-1$ 表示完全不兼容，$\varphi=1$ 表示完全兼容。

4.3.2 互相兼容

在互相兼容的情况下，两种技术标准完全兼容，消费者相当于共享一个技术标准网络。考虑到消费者偏好的分布符合霍特林模型，网络效应可分的情况（下同）。具有 ε 偏好差异的消费者，如果选择厂商 1 的产品，则可获得的效用为：

$$\beta_1-p_1-\varepsilon\delta+\alpha\eta$$

选择厂商 2 的产品可获得的效用为：

$$\beta_2-p_2-(1-\varepsilon)\delta+\alpha\eta$$

在考虑到产品价格和产品边际效用水平的情况下，考虑到中立消费者无偏好差异（即选择厂商 1 和厂商 2 的技术标准时无差异的），可以令：

$$\beta_1-p_1-\varepsilon\delta+\alpha\eta=\beta_2-p_2-(1-\varepsilon)\delta+\alpha\eta$$

可得当消费者偏好中立时：$\varepsilon^0=\dfrac{(\beta_1-\beta_2)-(p_1-p_2)+\delta}{2\delta}$，消费者选择厂商 1 或者厂商 2 的技术标准是无差异的。那么偏好差异小于 ε^0 的消费者则会选择厂商 1 的技术标准，反之则会选择厂商 2 的技术标准。在消费者规模为 η 的情况下，厂商 1 的消费者规模为 $\varepsilon^0\eta$，厂商 2 的消费者规模为 $(1-\varepsilon^0)\eta$，所以厂商 1 和厂商 2 的利润函数分别为：

$$\pi_1=p_1\varepsilon^0\eta,\pi_2=p_2(1-\varepsilon^0)\eta$$

把 $\varepsilon^0=\frac{(\beta_1-\beta_2)-(p_1-p_2)+\delta}{2\delta}$ 分别代入上述利润函数 π_1 和 π_2，并对价格求一阶导数，可得厂商 1 和厂商 2 利润最大化的价格分别是：

$$p_1=\frac{1}{2}(\beta_1-\beta_2+p_2+\delta),p_2=\frac{1}{2}(\beta_2-\beta_1+p_1+\delta)$$

因此，厂商的利润分别为：

$$\pi_1=\frac{(\beta_1-\beta_2+3\delta)^2\eta}{18\delta},\pi_2=\frac{(\beta_2-\beta_1+3\delta)^2\eta}{18\delta}$$

4.3.3　单向兼容

我们进一步来考察单向兼容的情况。如果厂商 1 的技术标准单向兼容厂商 2 的技术标准，那么对于厂商 1 技术标准的使用者来说，除了享受到双方互不兼容时厂商 1 技术标准的所有服务及其网络效应，还会部分享受到厂商 2 技术标准的网络效应。需要注意的是，由于是单向兼容，厂商 1 单向兼容厂商 2 技术标准的这种兼容效应可能是不完全的（如果是完全的，就与互相兼容情况相同），甚至可能是负效应，在某种意义上可以把这种负效应理解为厂商 2 利用被厂商 1 兼容的优势侵蚀厂商 1 的产品网络，或者向厂商 1 索要相应的接入费用，比如专用接口的知识产权使用费等。若厂商 2 单向兼容厂商 1，也会存在上述情况。

因此我们考虑两类情形，第一类情形是厂商 1 单向兼容厂商 2，厂商 2 不兼容厂商 1。第二类情形是厂商 2 单向兼容厂商 1，厂商 1 不兼容厂商 2。

第一类情形下，偏好差异为 ε 的消费者选择厂商 1 技术标准获得的效用为：

$$\beta_1-p_1-\varepsilon\delta+\alpha q\eta+\varphi\alpha(1-q)\eta$$

因为厂商 2 不兼容厂商 1，所以，选择厂商 2 技术标准获得的效用为：

$$\beta_2-p_2-(1-\varepsilon)\delta+\alpha(1-q)\eta$$

采用与相互兼容情况下相同的分析方法，可得当消费者偏好中立时：

$$\varepsilon^0=\frac{(\beta_1-\beta_2)+(2q-1+\varphi-\varphi q)\alpha\eta+3\delta}{6\delta}$$

进而得到厂商 1 和厂商 2 的利润为：

$$\pi_1=\frac{[\beta_1-\beta_2+(2q-1+\varphi-\varphi q)\alpha\eta+3\delta]^2\eta}{18\delta}$$

$$\pi_2=\frac{[\beta_2-\beta_1-(2q-1+\varphi-\varphi q)\alpha\eta+3\delta]^2\eta}{18\delta}$$

第二类情形下，因为厂商 1 不兼容厂商 2，偏好差异为 ε 的消费者选择厂商 1 技术标准获得效用为：

$$\beta_1-p_1-\varepsilon\delta+\alpha q\eta$$

因为厂商 2 单向兼容厂商 1，所以，选择厂商 2 技术标准获得效用为：

$$\beta_2-p_2-(1-\varepsilon)\delta+\alpha(1-q)\eta+\varphi\alpha q\eta$$

可以得出第二类情形下，当消费者偏好中立时：

$$\varepsilon^0=\frac{(\beta_1-\beta_2)+(2q-1-\varphi q)\alpha\eta+3\delta}{6\delta}$$

进而得到厂商 1 和厂商 2 的利润分别为：

$$\pi_1=\frac{[\beta_1-\beta_2+(2q-1-\varphi q)\alpha\eta+3\delta]^2\eta}{18\delta}$$

$$\pi_2=\frac{[\beta_2-\beta_1-(2q-1-\varphi q)\alpha\eta+3\delta]^2\eta}{18\delta}$$

4.3.4 互相不兼容

互相不兼容的情况在集成创新中不会发生，但是为了对技术标

准兼容问题的讨论的完整性，我们在这里先做简单讨论。如果市场上厂商 1 和厂商 2 的技术标准互不兼容，并且分别在市场上有一定的占有率 q 和 $1-q$，那么选择厂商 1 技术标准的消费者效用为：$\beta_1-p_1-\varepsilon\delta+\alpha q\eta$；选择厂商 2 技术标准的消费者效用为：$\beta_2-p_2-(1-\varepsilon)\delta+\alpha(1-q)\eta$，消费者偏好中立时：

$$\varepsilon^0=\frac{\beta_1-\beta_2+(2q-1)\alpha\eta+3\delta}{6\delta}$$

于是，互不兼容情况下，厂商 1 和厂商 2 的利润分别为：

$$\pi_1=\frac{[\beta_1-\beta_2+(2q-1)\alpha\eta+3\delta]^2\eta}{18\delta}$$

$$\pi_2=\frac{[\beta_2-\beta_1-(2q-1)\alpha\eta+3\delta]^2\eta}{18\delta}$$

4.3.5　厂商的兼容决策分析

我们回到博弈的第一阶段来分析一下厂商的兼容决策。厂商 1 是采取兼容还是不兼容的技术标准决策，取决于对上述情况下利润水平的比较。上述四种情况下厂商的利润可以排列在如表 4—4 所示的支付矩阵中。

表 4—4　　厂商兼容性策略选择的博弈支付矩阵

厂商 1 \ 厂商 2	兼容	不兼容
兼容	$\pi_1=\frac{(\beta_1-\beta_2+3\delta)^2\eta}{18\delta}$ $\pi_2=\frac{(\beta_2-\beta_1+3\delta)^2\eta}{18\delta}$	$\pi_1=\frac{[\beta_1-\beta_2+(2q-1+\varphi-\varphi q)\alpha\eta+3\delta]^2\eta}{18\delta}$ $\pi_2=\frac{[\beta_2-\beta_1-(2q-1+\varphi-\varphi q)\alpha\eta+3\delta]^2\eta}{18\delta}$
不兼容	$\pi_1=\frac{[\beta_1-\beta_2+(2q-1-\varphi q)\alpha\eta+3\delta]^2\eta}{18\delta}$ $\pi_2=\frac{[\beta_2-\beta_1-(2q-1-\varphi q)\alpha\eta+3\delta]^2\eta}{18\delta}$	$\pi_1=\frac{[\beta_1-\beta_2+(2q-1)\alpha\eta+3\delta]^2\eta}{18\delta}$ $\pi_2=\frac{[\beta_2-\beta_1-(2q-1)\alpha\eta+3\delta]^2\eta}{18\delta}$

为了讨论方便，我们假定厂商 1 和厂商 2 产品的边际效用无差别，即 $\beta_1-\beta_2=0$，另外假定 3δ 足够大，可以保证中括号中的数值为正。接着，通过对支付矩阵中厂商 1 和厂商 2 利润的比较，可以进一步得到厂商 1 和厂商 2 不同兼容策略选择的关键决策条件如下，又由于在博弈开始前已经定义 $q\in[0,1]$，$\varphi\in[-1,1]$，则：

厂商 1 和厂商 2 选择互相兼容必须满足：

$$\begin{cases}2q-1+\varphi-\varphi q>0\\2q-1-\varphi q<0\end{cases}\Rightarrow\frac{1-\varphi}{2-\varphi}<q<\frac{1}{2-\varphi}\text{ 且 }0<\varphi<1$$

厂商 1 单向兼容厂商 2 必须满足：

$$\begin{cases}2q-1+\varphi-\varphi q>2q-1\\2q-1+\varphi-\varphi q<0\end{cases}\Rightarrow\quad 0\leqslant q<\frac{1-\varphi}{2-\varphi}\text{ 且 }0<\varphi<1$$

厂商 2 单向兼容厂商 1 必须满足：

$$\begin{cases}2q-1-\varphi q<2q-1\\2q-1-\varphi q>0\end{cases}\Rightarrow\frac{1}{2-\varphi}<q<1\text{ 且 }0<\varphi<1$$

厂商 1 和厂商 2 选择互不兼容必须满足：

$$\begin{cases}2q-1<2q-1-\varphi q\\2q-1>2q-1+\varphi-\varphi q\end{cases}\Rightarrow\quad 0\leqslant q\leqslant 1\text{ 且 }-1\leqslant\varphi<0$$

我们可以把讨论结果用如图 4—1 所示的坐标图表示。从图中可以看出，区域Ⅰ是厂商 1 和厂商 2 互相兼容，区域Ⅱ是厂商 1 单向兼容厂商 2，区域Ⅲ是厂商 2 单向兼容厂商 1，区域Ⅳ是厂商 1 和厂商 2 互不兼容。

4.3.6 兼容成本对兼容决策的影响

在前面关于厂商兼容策略的讨论中，没有涉及技术标准兼容中的成本问题，其实是假设了技术标准间兼容成本为 0。实际上，一般不同的技术标准之间若要兼容，都涉及接口转换（interface）的

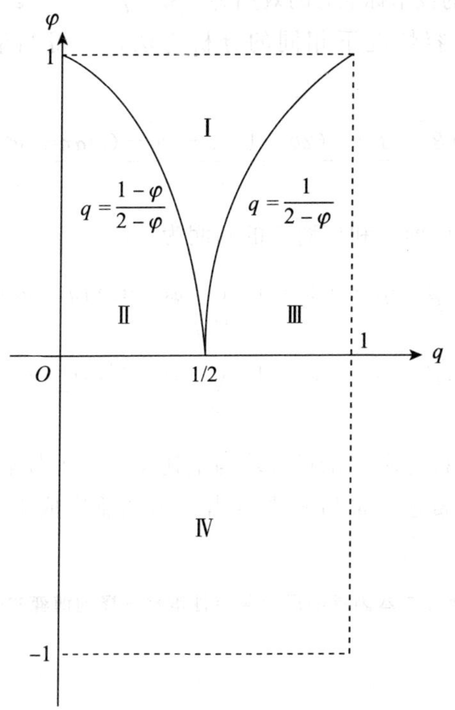

图 4—1　厂商对技术标准兼容性的策略选择

问题，这是需要成本付出的，兼容成本对于厂商的技术标准兼容策略选择的影响非常显著。

本节进一步扩展上面的博弈模型，引入兼容成本的因素，假设厂商相互兼容对方技术时需要支付的兼容成本是 $\alpha\eta C$，C 是主动兼容的厂商为获得相应的网络效应而需支付的边际成本。

那么如果厂商 1 单向兼容厂商 2 时，偏好差异为 ε 的消费者选择厂商 1 的技术标准时的效用为：$\beta_1-p_2-\varepsilon\delta+\alpha q\eta+\varphi\alpha(1-q)\eta-\alpha\eta C$。考虑到兼容成本已经减少了消费者的兼容效用，所以这里可以将前面假设的表示兼容程度的参数 φ 的范围缩小至 $\varphi\in[0, 1]$。消费

者选择厂商 2 的技术标准时的效用为：$\beta_2-p_2-(1-\varepsilon)\delta+\alpha(1-q)\eta$。采用与相互兼容情况下相同的分析方法，可得当消费者偏好中立时：

$$\varepsilon^0=\frac{(\beta_1-\beta_2)+(2q-1+\varphi-\varphi q-C)\alpha\eta+3\delta}{6\delta}$$

进而得到厂商 1 和厂商 2 的利润为：

$$\pi_1=\frac{[\beta_1-\beta_2+(2q-1+\varphi-\varphi q-C)\alpha\eta+3\delta]^2\eta}{18\delta}$$

$$\pi_2=\frac{[\beta_2-\beta_1-(2q-1+\varphi-\varphi q-C)\alpha\eta+3\delta]^2\eta}{18\delta}$$

如下所有推导和讨论过程均与上述 4.3.2 小节至 4.3.5 小节相同，这里不再赘述。最后整理得出考虑到兼容成本 $\alpha\eta C$ 之后的博弈支付矩阵，见表 4—5。

表 4—5　考虑兼容成本因素的厂商兼容性策略选择的博弈支付矩阵

厂商 1 \ 厂商 2	兼容	不兼容
兼容	$\pi_1=\frac{(\beta_1-\beta_2+3\delta)^2\eta}{18\delta}$ $\pi_2=\frac{(\beta_2-\beta_1+3\delta)^2\eta}{18\delta}$	$\pi_1=\frac{[\beta_1-\beta_2+(2q-1+\varphi-\varphi q-C)\alpha\eta+3\delta]^2\eta}{18\delta}$ $\pi_2=\frac{[\beta_2-\beta_1-(2q-1+\varphi-\varphi q-C)\alpha\eta+3\delta]^2\eta}{18\delta}$
不兼容	$\pi_1=\frac{[\beta_1-\beta_2+(2q-1-\varphi q-C)\alpha\eta+3\delta]^2\eta}{18\delta}$ $\pi_2=\frac{[\beta_2-\beta_1-(2q-1-\varphi q-C)\alpha\eta+3\delta]^2\eta}{18\delta}$	$\pi_1=\frac{[\beta_1-\beta_2+(2q-1)\alpha\eta+3\delta]^2\eta}{18\delta}$ $\pi_2=\frac{[\beta_2-\beta_1-(2q-1)\alpha\eta+3\delta]^2\eta}{18\delta}$

考虑到图示的直观性，我们仍然采用坐标图的形式来讨论厂商 1 和厂商 2 的决策是如何随兼容成本的变化而变化的，见图 4—2。

图中虚线箭头表示函数曲线组随着兼容的边际成本 C 的增大而移动的方向；若兼容的边际成本 C 逐渐变小，则函数曲线组的变动

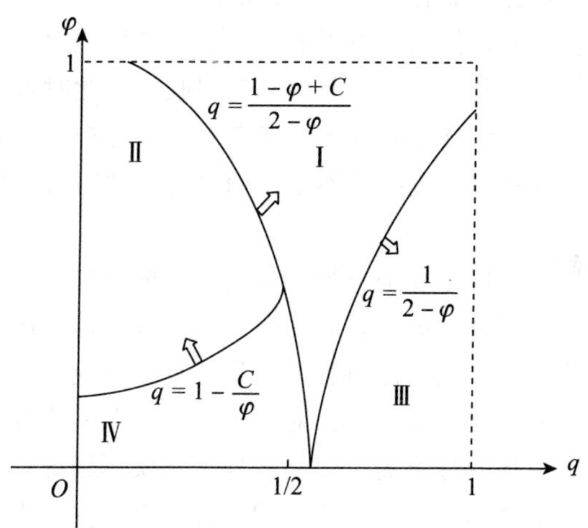

图 4—2　考虑了兼容成本因素的厂商对技术标准兼容性的策略选择

方向和图中虚线箭头的指示方向相反；当 C 逐渐变小趋于 0 时，$\lim_{C\to 0}\left(1-\frac{C}{\varphi}\right)=1$，$\lim_{C\to 0}\left(\frac{1-\varphi+C}{2-\varphi}\right)=\frac{1-\varphi}{2-\varphi}$，则函数曲线就退化成图 4—1 所示的情况。

由此可以得出结论，随着兼容成本的上升，厂商选择兼容决策的意愿会越来越小，反之，则厂商选择兼容的倾向会变大。

4.3.7　小结

由上述分析，本书得出如下结论：

（1）在没有兼容成本的情况下，若能实现较高程度的兼容，厂商会倾向于选择兼容性的技术标准。

（2）若兼容的收益为正，则市场占有率低的厂商也会倾向于选择兼容性的技术标准。

（3）若有兼容成本发生，则随着兼容成本的上升，厂商选择兼容决策的意愿会越来越小，反之，则厂商选择兼容的倾向会变大。

毋庸置疑，标准兼容可以增大正的网络外部性，提高消费者效用，增进社会福利，但是，由于兼容成本、市场份额、消费者预期等因素，使得企业并不会为了兼容而自损收益，此时若有市场之外的力量能够介入来降低兼容成本，或者对技术标准的方向做出倾向性影响，则会弥补市场选择的不足，而这正是政府可以发挥作用的空间。

标准的竞争是网络经济下最重要的竞争内容之一，对产业网络内的集成创新来说更是如此。因为存在网络外部性，所以，在集成创新中能够成为标准的产品将容易产生正反馈效应，进而达到市场容量的临界点并快速占领市场。对于不同的产业网络环境，不同市场地位的行为主体的标准竞争策略各异。从实际情况来看，仅有少数几个技术标准能够在产业网络中“生存”下来并占据主导地位。

标准的竞争是一个动态的过程，随着时间的推移，某一个标准可能胜出也可能失败。有时，一个标准可能占据主导地位，在产业网络中形成“赢者通吃”的局面，但实际上，这同时也蕴藏着巨大的潜在竞争；有时候，整个市场被瓜分，没有形成主导标准，每家企业都以自己的方式在市场上竞争，从而占据一席之地；有时候市场上可能出现对统一标准的兼容，市场标准的主导地位之争就会演变为对市场份额的价格之争。但是，无论哪种格局都不稳定，都将在企业对利润最大化的追求中不断演化。

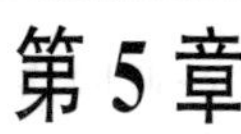

第5章 政府在产业网络集成创新中的作用

前两章在研究产业网络集成创新系统的有机构成、治理结构与集成创新模式以及企业在产业网络集成创新中的策略选择及演化的过程中，都涉及了政府在产业网络集成创新中的角色和作用，可见政府在产业网络集成创新中的作用之重要，角色之不可替代。但是前面两章仅对政府作用做简略铺陈，未展开论述，实为本章的内容做了伏笔，也回应了主题。

政府作用的维度很多，政府行为纷繁复杂，限于篇幅和研究重心，本章不可能一一企及。聚焦于本书的主旨和上两章的内容，本章重点围绕前两章所涉及的内容，先分析政府作用的必要性和作用边界，然后围绕政府在产业网络中对技术创新的激励约束政策、对创新合作的促进作用、对技术标准的协调与规制等政府作用的几方面来展开较为深入和系统地研究，同时略微兼顾政府能在产业网络集成

创新中发挥作用的其他方面，最后对我国政府在产业网络集成创新中的作用演变进行梳理和总结。

5.1 政府作用的必要性与作用边界

5.1.1 政府作用的必要性

理论和实践一再证明，现代社会的经济运行已经不再是从需要政府干预还是需要市场调节之中做单项选择，而是“看不见的手”和“看得见的手”的有机结合问题，通过上述在产业网络集成创新系统中政府的作用机制已经可以看出这一点。因此，对于一个产业的发展，如何界定市场和政府的作用范围，以及如何实现二者之间的最优制度安排就显得尤为重要。虽说市场在资源配置中起基础作用，但是市场调节得越多，交易成本就越大，对于非公共物品而言，由于市场垄断和价格扭曲，或对于公共物品而言由于信息不对称和外部性等原因，会导致资源配置无效或低效，从而导致资源配置的低效率，产生“市场失灵”；政府干预越多，就会使政府机构变得庞大，致使公共支出规模增大或者使用效率降低，管理效率低下，出现“政府失灵”。因此必须寻找二者之间的有效边界或最优组合。

不完全契约理论，对于在私人市场生产和政府直接生产这两个目标间的选择与控制问题，提供了从成本角度来比较公共管理制度的思路。新制度经济学有关制度设计的理论（Olson，1965，2000；Demsetz，1967；North，1982，1990）以及公共选择理论（Buchman and Tullock，1962）都对私人市场效率的损失作了研究和论证。实证研究的结果也进一步明确证实了制度设计和经济发展之间的密切关系（Delong Shleifer，1993；Besley，1993；Knack and Keefer，1995；Easterly and Levine，1997，2003；Acemoglu el.，2001；Rodrik el.，2002）。

私人市场和通过集权制度来控制市场一样都会缺乏效率。通过集权制度来控制市场的目标与抑制集权的目标之间存在内在的冲突。产业准入的过度限制与非法经济之间往往存在大量的、紧密的联系。产业准入的过度限制也会使得对于产品质量的检查变得更加困难。[①] 那么对于产业控制的边界掌握到什么程度才是最适当的呢？Shleifer 等人经过论证，给出了采取监管措施的最基本的条件，就是当混乱程度超出私人市场所能维持的限度时，才有必要采取监管措施；同时也给出了政府进行直接生产的边界条件，就是除了政府所有制以外，其他任何制度都解决不了私人市场产生的问题时，就是必须使用国有制的时候了（Shleifer，2003）。

本书采用不完全契约理论的研究视角（Grossman and Hart 1986；Hart and Moore 1990；Hart 1995；Shleifer 1995），利用 Shleifer 理论对私人市场生产成本和政府直接生产成本进行对比的思路，将私人市场生产与政府直接生产模式下的生产成本、交易成本和监管成本统一到不完全契约理论的分析框架之下，对私人市场生产的成本与政府直接生产的成本进行衡量，建立针对私人市场秩序、政府监管与政府直接生产的最优边界进行理论分析的模型，并进行理论分析，得出的结论同样适用于政府在产业网络集成创新中的作用范围的界定。

从私人秩序到政府直接生产是私人契约机制到政府直接干预执行的一个转换过程，是市场被集权所替代的一种情况。在完全契约的情况下，充分利用市场机制或私人秩序可以实现有效的激励，能够使不必要的官僚成本大幅度减少。[②] 但是由于人们的有限理性、不完全信息以及交易事项不确定等因素的存在，要想使所有权得到

① Simeon Djankov，Peter Murrell. Enterprise and Restructuring in Transition：A Quantitative Survey [J]. *Journal of Economic Literature*，American Economic Association，2002，9，vol. 40 (3)：739－792.

② Coase Ronald. The Problem of Social Cost [J]. *Journal of Law and Economics*，1960 (3)：1－44.

明确，则会花费过高的成本，想拟定完全契约几乎是不可能的。因此，不完全契约必然在现实中普遍存在。契约的不完全会导致交易费用的增加[①]和机会主义行为的产生。这两种结果的出现，一方面可能使交易或生产成本增加，另一方面，当经济人预期对方的机会主义行为无法得到抑制时，就有可能放弃该项交易活动。所以，当契约的不完全程度达到一定的限度时，由政府来直接生产和进行监管则能显示其在治理和监管费用方面的优势，以至于政府监管、政府直接生产将是更优的选择模式。

下一节将通过考察私人市场与政府监管、政府直接生产的生产成本、交易成本和监管成本，将三者的总成本纳入一个统一的分析框架下进行分析比较，从而得出私人市场秩序、政府监管和政府直接生产的制度可能性边界。

5.1.2 政府作用的有效边界

1. 边界函数模型的建立

假设 N 为契约不完全程度指数，根据不完全契约理论可梳理出 N 的高低主要由如下因素决定：行为主体的有限理性和机会主义倾向、产品的可竞争性和可测性（信息不对称性）、交易的不确定性、交易频率、资产专用性、第三方的执行成本、再谈判成本、法律环境、社会信任程度，等等。N 越大表示契约的不完全程度越高，交易成本就越大，N 越小表示契约的不完全程度越低，交易成本就越小。私人市场的交易成本以及政府内部的交易成本随着契约不完全程度的增加而增加，且私人市场交易成本增加的速度要快于政府内部交易成本增加的速度。

对于一个固定产出，对应的私人市场交易成本为 $T_M(N)$，$T_M'(N)>0$；政府直接生产的内部交易成本为 $T_G(N)$，$T_G'(N)>0$；政府直接生产的初始内部交易成本要大于私人市场的初始交易成

① Coase Ronald. The Nature of the Firm [J]. *Economica*, 1937 (4): 386 - 405.

本，即 $T_G(0) > T_M(0)$，且对于任意的 N，有 $T'_M(N) > T'_G(N)$。

根据上面叙述的交易成本的性质，本书将交易成本的表达式做线性简化后建立如下模型，令：$T_M(N) = \varepsilon_{M.T}N$，$T_G(N) = \beta_{G.T} + \varepsilon_{G.T}N$（$\beta_{G.T}$ 是常数，且 $\beta_{G.T} > 0$，$\varepsilon_{M.T} > \varepsilon_{G.T} > 0$）。

令 $\Delta T = T_G(N) - T_M(N)$，$\Delta T$ 是 N 的减函数。

再考虑生产成本，本书将私人市场下的生产成本设为 $P_M(N)$，且 $P'_M(N) > 0$；将政府直接生产的生产成本设为 $P_G(N)$，且 $P'_G(N) < 0$。根据威廉姆森的观点，当契约的不完全程度很低时，私人市场的方式会使生产成本更低，政府直接生产的方式将会导致很大的生产成本（Williamson，1985），所以，初始情况 $P_G(0) >> P_M(0)$。但是，伴随着契约不完全程度的增加，政府直接生产的生产成本损失将变小，$P'_G(N) < 0$，并且随着契约不完全性的增加，私人市场直接生产和政府直接生产的生产成本变动率都将趋缓，即 $P'_M(N) < 0$，$P'_G(N) < 0$，且 $\lim\limits_{N \to +\infty} P'_M(N) \approx \lim\limits_{N \to +\infty} P'_G(N) \approx 0$。从理论上讲，关于政府直接生产的具体经济实质可以总结如下：(1) 与筹资付费相比，政府直接从事生产则意味着政府的干预已经从产品市场进入到了要素市场，即从购买产品转变为购买要素并直接从事产品生产；(2) 企业归政府所有，则意味着政府要作为中心缔约者发挥作用；(3) 不完全契约关系存在于政府和生产要素所有者之间，政府以权威指挥生产过程，拥有剩余控制权和剩余索取权；(4) 政府直接从事生产往往是为了降低交易费用，使政府干预的效用最大化（Girishankar，1999）。

根据生产成本的相关性质，我们将生产成本的表达式做线性简化后建立如下模型，令：$P_M(N) = \varepsilon_{M.P}N$，$P_G(N) = \beta_{G.P} + \varepsilon_{G.P}N$，其中 $\beta_{G.P} > 0$，$\varepsilon_{M.P} > 0$，$\varepsilon_{G.P} < 0$。

令 $\Delta P = P_G(N) - P_M(N)$ 为静态的政府直接生产与私人市场生产的生产成本之差，$\Delta P > 0$ 且是 N 的减函数。

究竟选择哪种生产模式才能达到最优的规模结构，这取决于所

选择的生产模式的生产成本与交易成本之和是否最小，因此应该综合考虑上述两种成本的因素。

如图 5—1 所示，当契约的不完全程度很低时，即 $N < N^0$ 时，$\Delta T + \Delta P > 0$，即 $T_G + P_G > T_M + P_M$，私人市场下的交易成本与生产成本之和小于政府直接生产下的交易成本与生产成本之和，私人市场生产要优于政府直接生产。

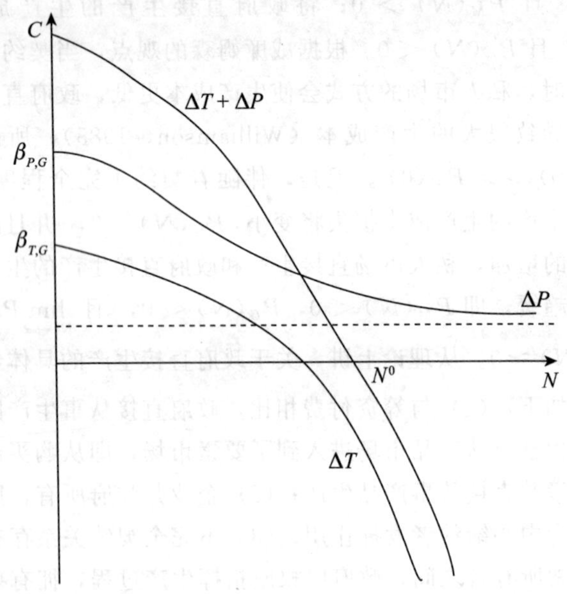

图 5—1　私人市场生产与政府直接生产的综合成本比较

当契约不完全程度较高时，即 $N > N^0$ 时，$\Delta T + \Delta P < 0$，即 $T_G + P_G < T_M + P_M$，私人市场下的交易成本与生产成本之和要大于政府直接生产下的交易成本与生产成本之和，政府直接生产要优于私人市场生产。

2. 私人市场与政府直接生产的边界

综合比较两种制度孰优孰劣，应该是在同样的产出条件下，综合比较两种生产模式下的综合成本之后才能得出结论，综合成本最

小者占优。

设私人市场情况下的交易成本与生产成本之和为：

$$C_M = T_M(N) + P_M(N) = \varepsilon_{M.T}N + \varepsilon_{M.P}N$$

政府直接生产的交易成本与生产成本之和为：

$$C_G = T_G(N) + P_G(N) = \beta_{G.T} + \varepsilon_{G.T}N + \beta_{G.P} + \varepsilon_{G.P}N$$

令 $C_M = C_G$，即：$\varepsilon_{M.T}N + \varepsilon_{M.P}N = \beta_{G.T} + \varepsilon_{G.T}N + \beta_{G.P} + \varepsilon_{G.P}N$，得：

$$N^0 = \frac{\beta_{G.T} + \beta_{G.P}}{(\varepsilon_{M.T} + \varepsilon_{M.P}) - (\varepsilon_{G.T} + \varepsilon_{G.P})}$$

当 $N \ll N^0$ 时，由私人市场组织全部生产；当 $N \gg N^0$ 时，由政府直接组织全部生产，此时政府干预由产品市场进入要素市场，能够降低交易成本。这种形式一般发生在如下情形：(1) 要素市场和产品市场相比较，交易数量明显减少；(2) 要素市场与产品市场相比较，交易的不确定性程度更低；(3) 产品交易面临较强的资产专用性且较低的交易频率；(4) 要素的可测性相对于产品的可测性明显提高。

另外，当市场欠缺时，在某些情况下根本不存在市场的替代手段①，此时更需要依靠政府投入资金。此时，即使消费者愿意付费或政府愿意投资，市场也无法提供相关产品。例如，(1) 某些行业初始投资数额巨大，私人市场难以筹集到相应资金。② 像中国的高速铁路建设，由于投入巨大、投资回收期很长，没有哪个企业能够单独投资兴建，靠市场的力量也难以引导企业投入，只有凭借政府信誉和巨大的财力进行规划和投资，才带动了整个铁路上下游产业以及受铁路运输影响的产业的发展，所以中国的高速铁路建设才能

① 斯蒂格利茨：《经济学（第四版）》，北京，中国人民大学出版社，2010。
② 植草益：《微观规制经济学》，北京，中国发展出版社，1992。

够在短时期内取得巨大的成就，满足人们出行以及国民经济发展的需要。但是随着高速铁路网络的建成和投入使用，以及高速铁路相关产业的壮大和成熟，就要考虑市场效率，要重视对市场力量的利用。(2) 一些高风险和需要持续投入的领域，私人部门缺乏参与意愿，例如基础科学研究等，我国设立中国科学院、中国农业科学院等大型研究机构，也是政府直接介入这类领域的方式之一。

3. 机会主义与监管

当契约不完全时，行为人的机会主义倾向就会显现，而经济人也会权衡采取机会主义行为时的成本和收益。所以，为了防止行为人采取机会主义行为，就要设计相应的治理结构来对行为人进行约束和监管。通常有三种办法：一是将监管权利配置给生产者，二是由国家司法机构来执行监管，三是由国家设立的独立监管机构来监管。

假设 $R_M(N)$ 表示私人市场情况下的监管成本，它是契约不完全程度的函数，$R_M(N)=\rho N$，$\rho>0$，那么在私人市场情况下，交易成本与生产成本、监管成本的总和为 $TC_M=\varepsilon_{M.T}N+\varepsilon_{M.P}N+\rho N$。

由于可以把所有私人市场情况下的监管成本初始值的合计等价地看做政府直接生产下的监管成本 R_G，所以可以用一个固定值 $R(R>0)$来代替 R_G。但是值得注意的是：政府直接生产下的监管成本 R_G 具有规模优势，因此相应地会比一般情况下私人市场监管成本的总和要低。

所以，政府直接生产情况下的交易成本、生产成本、监管成本之和可以表示为：$TC_G=\beta_{G.T}+\varepsilon_{G.T}N+\beta_{M.T}+\varepsilon_{M.T}N+R$。

如果由政府独立设置监管机构，那么私人市场生产和政府直接生产将不再负担监管成本。考虑到政府独立设置的监管机构具有一定的规模优势，所以政府设置独立监管机构的监管成本可以表示为 $\eta+\theta N$，$\eta>0$，$0<\theta<\rho$。因此，当政府独立设置监管机构时，生产成本、交易成本和监管成本之和为：

$$TC_R = C(N^0) + \eta + \theta N$$

此时，比较私人市场生产、政府独立设置监管机构监管、政府直接生产三种模式的优劣，只要比较三种模式的交易成本、生产成本和监管成本的总和即可。[①]

4. 私人市场生产、政府监管、政府直接生产三种模式的作用边界

（1）私人市场自我监管与政府监管的作用边界。

当 $TC_M = TC_R$，即 $\varepsilon_{M.T}N + \varepsilon_{M.P}N + \rho N = \varepsilon_{M.T}N^0 + \varepsilon_{M.P}N^0 + \eta + \theta N$，整理得：

$$N = \frac{(\varepsilon_{M.T} + \varepsilon_{M.P})N^0 + \eta}{\varepsilon_{M.T} + \varepsilon_{M.P} + \rho - \theta}$$

由上面的内容已求得 $N^0 = \dfrac{\beta_{G.T} + \beta_{G.P}}{(\varepsilon_{M.T} + \varepsilon_{M.P}) - (\varepsilon_{G.T} + \varepsilon_{G.P})}$，又因为 $0 < \theta < \rho$，所以当 $N < \dfrac{(\varepsilon_{M.T} + \varepsilon_{M.P})N^0 + \eta}{\varepsilon_{M.T} + \varepsilon_{M.P} + \rho - \theta}$ 时，私人市场下的生产及其自我监管的模式要优于政府设置独立监管机构进行监管的模式。

（2）政府设置独立监管机构的模式与政府直接生产的模式的作用边界。

当 $TC_R = TC_G$，即 $\varepsilon_{M.T}N^0 + \varepsilon_{M.P}N^0 + \eta + \theta N = \beta_{M.T} + \varepsilon_{M.T}N + \beta_{G.T} + \varepsilon_{G.P}N + R$ 时，整理得：$N = \dfrac{R - [(\varepsilon_{G.T} + \varepsilon_{G.P})N^0 + \eta]}{\theta - (\varepsilon_{M.T} + \varepsilon_{M.P})}$，$N^0$ 同上，根据函数的经济意义，$R - [(\varepsilon_{G.T} + \varepsilon_{G.P})N^0 + \eta] > 0$，$\theta - (\varepsilon_{M.T} + \varepsilon_{M.P}) > 0$。

所以，当 $N < \dfrac{R - [(\varepsilon_{G.T} + \varepsilon_{G.P})N^0 + \eta]}{\theta - (\varepsilon_{M.T} + \varepsilon_{M.P})}$ 时，政府监管的总

① 参见费太安、吴小妹：《监管可能性边界的经济学分析——不完全契约的理论视角》，载《标准科学》，2009（12）。

成本要比政府直接生产时的总成本少，政府监管的模式较优。

所以，当存在机会主义的不完全契约的情况下，私人市场生产、政府监管、政府直接生产三种模式的相对最优作用边界分别为：

当 $N<\dfrac{(\varepsilon_{M.T}+\varepsilon_{M.P})N^0+\eta}{\varepsilon_{M.T}+\varepsilon_{M.P}+\rho-\theta}$ 时，私人市场下的生产及其自我监管的模式最优。

当 $\dfrac{(\varepsilon_{M.T}+\varepsilon_{M.P})N^0+\eta}{\varepsilon_{M.T}+\varepsilon_{M.P}+\rho-\theta}<N<\dfrac{R-[(\varepsilon_{G.T}+\varepsilon_{G.P})N^0+\eta]}{\theta-(\varepsilon_{M.T}+\varepsilon_{M.P})}$ 时，政府监管的生产模式最优。

当 $N>\dfrac{R-[(\varepsilon_{G.T}+\varepsilon_{G.P})N^0+\eta]}{\theta-(\varepsilon_{M.T}+\varepsilon_{M.P})}$ 时，政府直接生产并承担监管职能的模式最优。

5.1.3 发达国家政府在产业网络创新实践中的经验

在发达国家中，政府对产业网络技术创新的作用也是在根据实践不断调整和发展的。发达国家经济发展的实践表明，为了保证国家在世界市场上的竞争力，国家必须采取措施，支持创新。

日本是政府干预产业网络技术创新较为典型并富有成效的国家，关于日本政府在促进产业网络技术创新中的作用，英国《经济学家》杂志主编诺曼·马克雷给予了如下贴切的描述："日本是当前世界上最高明的统治经济……决定日本产业萌芽期的活动方向、推动并保护企业朝这个方向发展的产业计划的最终主宰者是政府。"纵观战后日本政府对产业网络干预的演进历程可以看出：从技术引进到技术创造，从工业技术的革新到电子技术革命，从应用研究为主转向基础研究为主，从支持大企业科研开发到扶持中小企业技术创新制度的建立，从大量研发资金的投入到一系列法律法规和激励政策出台，等等，无不渗透着日本政府的精心规划和指导，日本政

府用这只“看得见的手”构筑了日本国家日益完善的创新体系。①早在 20 世纪 60 年代日本政府就对产业网络的技术创新活动给予促进和扶持，日本政府在 1961 年就规定从事联合研究开发的机构和企业可以享受“技术研究协会”税收减免的待遇，并且日本政府不断制定政策促进企业在更高的层次进行技术联合开发。日本政府成立“国家贸易和工业部”（MIIT）作为主持日本工业企业进行联合研发的重要政府部门。在 MIIT 的孵化、协调和组织下，日本“超大规模集成电路项目”和“第 V 代计算机项目”等最大规模的企业研发联合体得以顺利组建，MIIT 还为这些项目提供无息贷款，保证了项目的顺利完成。日本政府还投资设立公共研究部门用于开发具有较强共用性质的技术资源，其中最具代表性的就是于 1948 年成立的隶属于通产省的技术开发政策的核心执行机构——工业技术院。这些公共研发机构在实现国家技术创新战略目标中起到了关键作用。1990 年以来，日本政府为支持中小企业发展设立了中小企业银行和政府财政支持的技术转让中介组织等机构，为中小企业发展提供资金和技术支持。②

美国号称是以私有制为基础的完善的市场经济国家。美国政府一贯秉承经济自由的原则，而不对产业网络的技术创新进行干预。但是，到了 20 世纪 80 年代，美国政府面对迅速崛起的日本的冲击，为了维持自己在世界上的技术领先地位，美国政府放弃了过去不干预产业网络的技术创新的政策，积极参与企业的技术创新活动，扶持产业发展，其相关政策转而对政企结合、联合研发进行支持和鼓励。当日本在 1982 年宣布第 V 代计算机的研发计划之后，美国政府召集相关企业紧急商讨对策，并得出结论——“没有行业发展的国家政策是要吃亏的”。于是在同一年，美国政府直接出面主持成立了“美国微电子和计算机研发联合体”（MCC），并很快

① 参见卢娜：《日本国家创新系统评价》，载《现代日本经济》，2002（2）。

② Shibata J：《日本新工业的创建与技术创新》，上海，复旦大学出版社，2000。

在其他行业推广这种模式，并于1983年成立了“贝尔通信研究联合体”。1984年国会通过了“国家合作研究法案（NCRA）”进一步从法律上确立了政府和企业共同建立研发联合体的做法。[①] 随着技术进步的速度加快和创新规模扩大，集成创新已发展成为一种趋势，美国政府顺应趋势积极支持组建更广范围、更大规模的企业研发联合体，比如克林顿政府时代成立的由政府和企业联合组成的“基本建设特别工作小组”专门负责著名的信息高速公路计划，即“国家信息基础设施计划”（NII）。在克林顿政府时代，美国政府更是通过联邦政府提供的经费支持，促进那些对国民经济影响长远的先进技术的开发。比如：美国政府给美国标准与技术研究院增加一倍的预算用于推进“先进制造技术计划”（APT）；[②] 奥巴马政府甚至在2009年4月19日宣布了一项总额达130亿美元的投资计划，用于支持在美国兴建高速铁路系统，并誓言美国要在铁路发展方面赶超法国、日本、德国和中国等国家的步伐。另外，美国政府还通过了许多扶持中小企业技术开发与创新的专门计划。

近年来，法国和德国等欧洲国家政府在推动企业技术创新方面的作用也在不断强化。法国政府在1999年通过了《技术创新与研究法》用于有效调配政府有限的科研经费和资源用于建立企业孵化器和科研启动基金，鼓励创建高新技术企业；并向创业企业提供优惠的税收政策以及“科研信贷”政策，支持技术创新型企业的发展；鼓励政府所属的公共研究机构和企业费用均摊、加强合作、利益均摊，加快科研成果转化。法国政府除了制定《技术创新与研究法》等一系列保障创新的法律之外，还设立了许多专门为创新企业服务的政府机构，全方位为创新型企业尤其是初创期的创新型企业服务，比如：在2005年先后成立了国家科研署和由政府总理直接

---

① 参见杨扬：《加强“产业科研基础”的国际经验：R&D联合体》，载《管理世界》，1999，(2)。

② 胡志坚：《国家创新系统：理论分析与国际比较》，北京，社会科学文献出版社，2000。

负责的国家工业创新署，并实施“工业创新激励计划”，对十多个大型工业研发项目进行重点支持。为了加快科技成果转化和快速产业化，专门成立了科技成果推广署。为了在金融方面支持创新企业，1998 年法国政府投资设立第一批国家风险投资公共基金，并与欧洲投资银行和信托投资局合伙建立了第二批风险投资公共基金，直接带动了法国风险投资的迅速发展，有力地支持了法国创新型企业的发展。德国政府除了积极搭建平台为企业联合开发创造条件之外，最值得借鉴的地方就是他们专门为中小企业技术创新提供完善的服务。德国著名的弗朗霍夫学会就是专门为中小企业技术创新提供服务的机构，它是连接企业、大学和政府之间的重要桥梁和纽带。弗朗霍夫学会有近万名员工和 47 个分支机构分布在德国全境，为促进中小企业技术创新发挥了重要作用。

总之，从发达国家的经验来看，政府在推进企业在技术创新方面的作用主要体现为以下四点：(1) 努力营造有利于企业技术创新的环境，减少技术创新企业的负担，消除企业间合作的障碍。(2) 加强基础设施建设，为企业技术创新提供完善的公共服务。(3) 对具有战略意义和涉及国家安全、产业安全、经济安全的创新领域给予直接的和具体的支持。(4) 不断制定和实施大型的科研发展计划，促进官产学研的互动与合作。

通过上面的分析我们也可以看出，在产业网络的技术创新中，政府作用的发挥是必要的但也是有边界的，根据前面的理论和实践的分析可以看到，政府的作用应被限定在如下范围：(1) 政府作用的发挥不能妨碍企业作为技术创新行为主体的地位，企业应当是技术创新的决策主体、投资主体、责任主体、受益主体。(2) 政府作用的发挥不能破坏市场在资源配置中的基础地位，政府的作用和市场的作用应相互补充。(3) 政府作用的发挥不能阻碍知识和技术的创造和有序流动。(4) 政府作用要量力而行，不能超越现有的物质基础与技术能力的限制。

5.2 政府在产业网络集成创新中的政策工具

根据5.1节对政府作用有效边界的研究，本节将对政府作用边界内的政策工具及其效用进行分析，但是因为政府的政策工具涉及面甚广，本书的研究不可能面面俱到，所以本节主要围绕本书主题，对政府在产业网络集成创新中的政策工具及其效用进行研究，并且主要基于第4章的研究基础，重点研究如下三个问题：(1) 政府如何采取激励和约束机制调动企业尤其是中小企业的自主创新积极性；(2) 政府采用何种政策促进整个产业网络利益最大化；(3) 政府采用何种政策对产业标准问题进行规制，增进社会福利。

5.2.1 对技术创新的激励约束政策

1. 技术创新激励约束政策的三个维度

为了调动企业尤其是中小企业自主创新的积极性，政府应该在激励技术创新方面发挥有效作用。获得利润的重要途径就是技术创新，熊彼特甚至认为利润就是由技术创新所决定的，应归属于技术创新的推动者——企业家。所以，保护创新者的利益就成为对技术创新进行激励的主要手段。许多学者对技术创新的激励进行了深入研究，学者们通常将技术创新的激励分为产权激励、市场激励和政府激励，其中市场激励是基础，产权激励是保障，政府激励是催化剂，但是从更广泛的意义上来讲，所有对技术创新的激励都是由国家和政府提供的。

首先，产权激励包括知识产权激励，是由国家法律以及执行这一法律的政府机构决定的，以明晰的知识产权来提供优化资源配置的制度环境。产权激励作为技术创新激励的保障能够确保技术创新在市场上获得的利益不受到损害。不同国家对知识产权的保护力度以及通过知识产权形成的私人产权保护力度有极大差异，表现在法

律上给予承认的程度以及在司法执行中保护程度上的差异，保护力度越弱，产权激励程度越低。

其次，对市场激励，即市场结构的规制态度是政府公共政策的重要内容，而政府对市场结构规制的态度会直接影响到技术创新主体创新的积极性。因为技术创新主要还是通过市场获得利益，市场是技术创新最主要的激励来源，所以市场结构即市场的竞争和垄断特征以及竞争与垄断相互演变的机制会对技术创新主体或创新者的利润产生重要影响。如果政府的规制政策是追求完全竞争的市场结构，绝对地抑制垄断，则会导致技术创新无法在市场上兑现利益，从而会抑制创新活力。

再者，政府激励的催化剂作用主要体现在，当技术创新的正的外部性无法内在化的时候，政府需要采取措施来平衡创新的社会收益和创新者的个人收益，帮助提高创新者的个人收益。当创新行为主体的技术创新决策处在临界状态的时候，创新行为主体决策是否进行技术创新的关键就在于其通过技术创新获得的利益是否能够弥补预期的风险。因为技术创新易于扩散，所以很容易使技术创新产生正的外部效应，即技术创新的溢出效应可能会使技术创新带来的社会福利的增加大于技术创新者个人收益的增加，如果这种情况出现，则创新者就会因为私人收益的激励不足而停止创新。这时候就需要政府制定相应的政策和法律法规来帮助创新者提高收益，或者采用政府直接投资的形式完善技术创新的公共和基础平台，或者通过税收优惠和补贴政策降低创新者的创新成本，或者采用政府公共采购的形式帮助创新产品迅速扩大市场规模，使创新的私人收益和社会收益尽量接近，促进技术创新行为的形成。

总之，政府的政策措施是否关注技术创新，决定了政府是否会对技术创新进行投入和投入的力度，包括政府在财力、物力、人力方面的投入和政府在教育、科技、金融、财政等方面对创新的支持力度。这意味着，政府对技术创新的直接激励（政策激励）或者间接激励（产权激励和市场规制）存在的限制，是导致对技术创新的

激励不足的原因，这将会抑制企业技术创新动力的充分释放。在这些激励手段中，有一类是政府作为公共性投入向社会提供的，它与那些直接针对某种技术创新活动而实施的优惠政策不同，它是为技术创新提供的一般要素的激励，使技术创新所需要的要素更容易得到，创新的收益更高。自然，上述这些投入和激励的力度都是由政府决定的。

2. 知识产权激励——解决技术创新中“搭便车”行为的有效方式

针对本书 4.1 节提到的，创新行为主体在技术创新选择策略选择中最常遇到的“搭便车”问题，政府可以通过完善有效的知识产权法律和机制，对创新行为主体进行有效的激励和约束，从而促进创新行为主体的主动创新。

中国古代思想家孟子说过，有恒产才有恒心，“知识产权是指保护技术开发或创造经营等正常进行的一种权利制度。它是和技术开发—产业—消费者组成的市场结构相对应的一种权利”[①]，是科技、经济与法律相结合的产物。知识产权的激励功能是通过利益机制得以实现的，如果知识产权易于受到威胁和侵犯，就会造成创新者对未来预期的不确定性，由于获取未来收益的概率较小，主动进行创新的行为就会很少。

政府通过知识产权机制和执行严格的知识产权法律对创新者就其特定的知识产品，在一定期限内的专有权的确认和保护，来鼓励知识产品的生产、传播和有效利用，从而激励技术创新，促进经济增长。新制度经济学中的历史学派就认为，以鼓励发明和发现为目的的知识产权制度，作为产权制度的重要组成部分，是西方世界兴起的主要原因。概括的讲，知识产权制度有四个方面的作用：首先，最基本、最重要的是知识产权的激励机制，通过法律赋予智力产品一定时期的专有垄断权，弥补其创新投入的成本和知识外溢的

① 富田彻男：《市场竞争中的知识产权》，北京，商务印书馆，2000。

损失，使权力拥有者免受侵害，达到鼓励创新的目的。其次，知识产权具有调节作用。由于知识创造的继承性、知识的公共品特点，又必须对专有垄断权进行限定。再者，知识产权制度也对大家在技术创新中的行为形成了一种约束，如果未经授权而剽窃或侵犯他人的技术创新成果，就会受到法律制裁。最后，知识产权能够对技术创新资源进行有效配置，避免重复的研究和低水平的研究。

政府正是利用知识产权这种有效的激励和约束机制，有效解决了由于技术创新的“溢出效应”而导致的“搭便车”问题。

正是因为知识产权制度在促进技术创新方面的有效作用，所以政府更应该在推动知识产权战略实施方面发挥主导作用，纵观美国、日本、欧盟等发达国家和地区，正是由于政府的主导和积极推动，才使得这些国家在知识产权方面取得了巨大的成就。考特曾经说过：“不受管制的市场将在有创造力的思想和创造性的作品上生产出小于最优值的信息数量”[①]，具体而言，政府除了积极推动知识产权的立法，加强知识产权的执法和监管之外，还应在知识产权管理中努力矫正市场失灵，规范知识产权的使用，推动知识产权的行政保护。市场虽然在资源配置中发挥基础作用，但由于市场固有的局限性，市场失灵时有发生。“知识产权制度把知识产权本身的价值变为市场经济价值”[②]，因而也会受到市场失灵的直接影响，产生诸如权利人滥用许可权、专利成果转化不足、权利人和使用人之间的利益失衡等问题，因而需要政府介入推动知识产权制度的有效运行，同时，为了有效发挥知识产权的作用，政府还应该在知识产权管理中坚持市场为主、有限干预、合法管理、社会效益最大化的原则，以避免因为过度干预而造成的“政府失灵”。此外，从世界发展的趋势来看，知识产权不仅是企业发展的工具，更是国家提高竞争力的工具，上升为国家战略，“其战略地位并不亚于粮食安

① 考特、尤伦：《法和经济学》，上海，上海三联书店，1994。

② 刘华：《论知识产权制度运行中的政府管制（二）》，知识产权网，2009-11-03。

全和能源储备”[①]，“知识产权问题已经从一个法律问题变成与政治、经济和外交有密切关系的问题，成为国家参与国际竞争的工具”[②]。这也从更宏观的角度阐明，政府要在知识产权国家战略及知识产权战略实施中发挥主导者和推动者的作用。

5.2.2 对技术创新合作的促进作用

通过 4.2 节基于主体价值和协同价值选择策略的动态博弈分析的研究，我们已经得出结论：采用合作策略进行集成创新是产业网络内各行为主体的最优选择。实际上，从世界范围来看，联合创新、合作创新已经呈现出迅猛的发展势头。企业之间或者企业、高校、科研院所之间的“产学研”联合创新合作模式，已经被公认为是促进科技成果向生产力转化的最佳方式。本小节将对政府在创新合作尤其是产学研合作中的作用进行研究。

产学研合作是企业（产）、高校、科研院所（学、研）在社会范围内，按照“利益共享、风险共担、优势互补，共同发展”的原则，以技术合约为基础，依照各自的优势分担技术创新不同阶段所需投入的资源，并依据投入分享技术创新收益，合作进行技术创新的活动。[③] 理论上，达成任何交易契约都需要付出成本，技术合约是交易契约的一种，在科研成果通过产学研合作转化为市场化的产品的过程中，实际也存在着高昂的交易费用。因此“产学研”的合作本质上是一种交易。[④] 根据科斯的交易费用理论，在交易费用为正的情况下，不同的权利界定，会带来不同效率的资源配置。[⑤] 而这里的权利界定，也即权利安排就是制度。产学研合作本身就是一

---

① 参见王先林：《从个体权利、竞争工具到国家战略》，载《上海交通大学学报（社会科学版）》，2008（4）。

② 参见肖黎明：《实施知识产权战略意义深远》，载《法制日报》，2007-10-20。

③ 参见顾海：《我国产学研实践中制约因素分析及对策》，载《中国科技产业》，2001（4）。

④ 参见吴文华：《产学研合作中的政府行为》，载《科技管理研究》，1999（2）。

⑤ R. Coase. The Problem of Social Cost [J]. *Journal of Law and Economics*, 1960 (3).

项为了降低技术的市场交易成本而做出的制度安排。为了能使这种制度安排的交易成本更低，从而使产学研合作顺利达成并有效运作，给各方带来更大的收益，就产生了进一步的制度需求，而政府作为最大的制度供给者，恰恰能够满足这种需求。

为了进一步分析政府在产学研合作中的作用，我们继续沿着交易费用经济学也就是新制度经济学的分析路径向下分析，既然政府对产学研合作提供制度供给的目的是为了进一步降低交易费用，促进和激励产学研各方的合作，那么我们首先要明确在产学研合作的全过程中会产生哪些交易费用，这样才能有的放矢。如下，本书首先对产学研合作中可能会产生交易费用的环节进行梳理，然后再针对这些产生交易费用的环节，分析政府能够在其中所发挥的作用。

产学研的合作过程包括选择合作伙伴，订立合作协议，合作的执行以及监督等事项。由于企业的需求是动态的、具体的，高校和科研院所对企业的实际需求缺乏具体的把握，企业通常对于高校和科研院所的能力也缺乏深入的了解，产学研各方在选择合作伙伴的过程中都要投入时间、精力和金钱去了解彼此的能力和需求，并进行是否开展合作的决策，这都会导致很多沟通和信息搜索成本的产生。选定合作伙伴之后，又要签订合作各方都能接受的，具有法律效力的合同也就是契约，这又会导致谈判成本的产生，尤其是产学研合作可能会涉及多个参与方，这种谈判更加复杂，又会增加谈判成本。合作各方都有各自的利益，面对将来的不可预知的风险，合作各方为了保证自己的利益少受或者不受损失，都会将合同尽量细化，这又进一步增加了谈判成本。技术创新本身就充满着风险和不确定性，虽然合作创新能够在一定程度上降低这种风险，但是却不能完全避免，在合作创新的过程，企业可能会因为高校和科研院所不能实现合同约定的技术条款，而承受经济损失；高校和科研院所也有可能会因为企业不能照合同约定按时、足额兑现科研经费而承担经济损失；即使合作创新达到了预期的技术和市场目标，并从市场获取了收益，但是这些收益能否真正实现合理分配也是未知数，

因为像在创新中的努力程度等主观因素是很难衡量并在合作契约中体现的，这些都会导致履约成本的产生。虽然履约成本可以通过法律手段来解决，但是因为法律保障也很难尽善尽美，并且法律途径会产生高昂的诉讼费用，因此履约成本很难消除。综上仅列出了产学研合作过程中可能产生的一些主要的交易费用，正如合作契约的签订一样很难做到完全预知，这就足见制度保障之重要，增加制度供给之重要，政府作为最大的制度供给者在促进产学研合作、降低合作交易成本方面大有可为。

政府要在产学研合作中扮演好“引导者”、“信息员”、“协调者”、“督导者”、“风险化解者”等多重角色，协助降低由于受到人的有限理性、机会主义和资产专用性的制约而产生的交易费用。因此，从降低交易费用的角度具体来讲，政府可以在以下方面发挥作用：帮助化解或降低产学研合作中的信息搜索和沟通费用、谈判和决策费用、监督和履约费用①，有效推进产学研合作的健康发展。

1. 降低产学研合作的信息搜索和沟通费用

政府应该结合世界发展趋势和国家战略，制定相关产业规划，引导企业的投资方向和高校、科研院所的科学研究方向，关于这方面的案例在本章5.1.3小节已有较多论述。此外，产、学、研寻求合作的过程和合作之后的持续发展，都离不开准确的信息支持。政府通过建立和完善基础信息平台，定期组织成果信息交流，不仅可以传播最前沿的技术资讯、市场需求，引领创新方向；还能帮助企业、高校和科研院所做成果推广和需求对接；更能帮助各合作方互相了解彼此的需求、实力、基础条件，降低合作前的沟通和信息搜索成本。

2. 降低产学研合作的谈判和决策费用

产学研的合作，需要组织者和协调者。因为产学研合作能够有

---

① R. Coase. The Problem of Social Cost [J]. *Journal of Law and Economics*, 1960 (3).

效促进创新和科研成果转化，促进国民经济健康发展，增强国家的竞争力，政府作为社会的主要组织者和管理者有必要承担起组织和协调的角色，建立产学研合作的共同利益，促成产学研的顺利合作。

政府应该组建专门的机构，促进中介服务机构的发展，完善促进产学研合作的政策咨询、市场调研、信息服务、资金支持和技术交易等社会化服务体系，并组织和推动有重要影响的技术理论研究、产业政策分析和协调项目落实。

3. 降低产学研合作的监督和履约费用

政府应该通过完善相关法律法规和严格有效的执行机制，为产学研合作的顺利开展提供法律和制度保障。综合运用政府投资、税收优惠、财政补贴、金融服务等政策工具降低由于技术创新的公共性、资产专用性、交易的不确定性、资金缺乏等原因给产学研合作造成的障碍和风险，降低产学研合作的监督和履约费用，激励、引导和保障产学研合作的顺利进行。

5.2.3　对技术标准的协调与规制

在 4.3 节中，我们研究了基于集成创新技术标准的兼容策略问题，但主要还是在研究厂商之间围绕着标准和兼容展开的竞争和合作，对于政府在其中所发挥的作用并未涉及。实际上，由于标准问题同市场绩效和社会福利问题紧密相连，尤其是标准的国际竞争涉及国家战略，当本国厂商的技术标准参与国际标准的竞争时，政府在推动用户安装基础和整个产业网络的创新行为主体参与方面，具有任何行为主体不可比拟的作用。所以，对于产业标准的协调与规制，始终是政府的重要职能，而这正是本小节的研究重点。

1. 政府对技术标准协调与规制的必要性和局限性

前文我们已经对政府在技术标准协调与规制方面的必要性有所论述，这里再从理论上略作展开。市场上存在的标准可以归为两大类，一类是企业或企业联盟通过市场竞争而形成事实标准，一类是

政府和标准化[1]组织制定的正式标准。实际上，在技术标准问题上，市场是很容易“失灵”的。在网络效应显著的市场上，不相互兼容技术共存的情况是不稳定的，网络效应最终会使一种技术标准主导市场，即使在传统规模经济和学习效应明显的市场上也会产生市场偏向问题，因为只要某一种技术或产品标准比其他技术和标准在生产和销售规模上拥有优势，这种产品就具有成本优势。因为网络效用本身说明的是需求上的一种规模经济。所以，网络效应所产生的正反馈效应（即强者越强，弱者越弱）会使用户基数大的标准取得具有显著优势的市场份额，最终这种技术标准将成为市场上的主导标准，形成“大者恒大，赢者通吃”的局面。虽然消费者普遍欢迎标准的统一和兼容，在单一的网络或连接的天衣无缝的网络中，享受最大的网络效应，但是，同样也面临着丧失多样性和被锁定在次优技术（过大惰性）上的风险。市场也同样会面临着被标准控制者垄断，专利费用高昂，创新和产业发展受到遏制，实际产出和社会有效产出偏离等风险，造成“市场失灵”。正是由于在标准问题市场存在着种种失灵，所以，政府这种“有形之手”的介入是非常必要的。

但是，政府的“有形之手”总是一把“双刃剑”，用得好则有助于标准的推广、市场的扩大，使消费者和厂商获得更大范围的网络外部性带来的收益，有利于本国厂商参与国际竞争。用得不好则可能会使本国厂商处于被动，引发大量沉没成本，使政府的公信力受到损失。[2]

所以在这里，本书借用著名经济学家，诺贝尔经济学奖得主——斯蒂格利茨教授的观点[3]：政府部门与标准化组织介入标准

---

① 因为标准化组织都或多或少的具有政府背景，所以为了分析方便，本书后面将这两类组织统称为政府，这也和本书对产业网络中行为主体的分类原则基本一致，前面就将政府和行业协会归为一类。

② 参见黄纯纯：《网络产业标准竞争与转型经济中政府的作用》，载《中国人民大学学报》，2006（5）。

③ 斯蒂格利茨：《全球化及其不满》，北京，机械工业出版社，2004。

形成和制定的过程，主要体现的是市场和政府的互补合作(Stiglitz，2002)，来对政府在标准协调与规制中的作用加以界定。

2. 政府制定标准政策要考虑的几个重要因素

政府制定的正式标准与市场竞争自发形成的事实标准相比有两个显著的特点：(1) 正式标准具有相当的强制性意味，由于政府介入而产生的标准往往和法规一样具有相当的强制性。(2) 正式标准的确立过程主要不是通过市场竞争完成，而更多的是协调、谈判和磋商的结果，当然市场势力可以作为谈判磋商的筹码。这与 4.3 节中提到的消费者之间协调有着显著的区别：消费者协调的基础是适应性预期，而正式标准谈判的基础是理性预期，标准化谈判和磋商中涉及大量的既得利益维护与分配①，政治争斗和角力是非常激烈的。在标准化的过程中也会涉及很多因素，但是如下几个因素是非常重要的，政府在制定标准政策时要着重考虑：

首先，是产品的生命周期问题。在技术和产品的不同发展阶段，确定标准时要考虑的重点不同。比如：在产品的导入期，要注意不要被锁定在一个较差的标准上；在产品的成长期，要考虑产品的网络化和技术支持；在产品的成熟期，要考虑产品的兼容和规模收益。

其次，要考虑产业结构和产业收益。如果产业中提出标准的企业高度分散，则要进行协调，有必要向几个特定的标准引导；如果产业是高度垄断，就有必要采取措施避免被锁定在一条技术发展轨迹上的风险。一般认为寡占的市场结构比较合适，此时不需要政府太多干预，政府要注意将标准向这方面引导。

最后，标准的特征也是标准化中非常重要的因素。从消费者的态度来看，标准可分为三类：一类是不兼容无法忍受的，这种标准若不一致或兼容失败，消费者和全社会将要支付高昂的成

① Farrell, J. Choosing the Rules for Formal Standardization [M]. Mimeo, University of California Berkeley, 1996.

本，比如交通规则和信号、铁路的轨距和列车的轮距、电力规范和药品使用规范等；另一类是非兼容中性的，比如具有直接外部效应的电话、计算机网络等；第三类是不兼容也可以忍受或兼容中性，比如磁带机等具有间接网络外部性的产品。① 所以在制定标准化政策时，需要根据标准特征的不同，选择进行标准化的技术和强制程度。

下面将从产业扶持政策（协调）和规制与反垄断政策（规制）这两方面对标准竞争具有重要影响的政策来分析政府的作用。其实知识产权政策也是对标准竞争具有重要影响的政策之一，但是因为5.2.1小节已做专门论述，本小节仅稍作交代。

3. 对技术标准的协调与规制——政府作用与公共政策

（1）产业扶持政策。

对标准竞争起引导、协调和扶持作用的政策主要体现在标准的导入期和成长初期。企业往往会试图运用各种手段对技术发展的方向和标准的确立施加影响。政府也常常具有较强的激励来干预标准的制定。政府干预标准制定的目标是为了提高本国消费者的福利和本国企业的国际竞争力（有时政府过分强调后者而忽略前者）。政府常常会通过制定详细的产品物理特性、过程和编码规范等措施，来确保达到使系统具备兼容性、使功能相同的零部件具有互换性、使系统具有集成性的目的。这一标准的制定过程，是政府和企业之间进行合谋与互动的主要手段之一，另外还包括财政补贴或税收优惠、大宗政府采购等较为传统的产业扶持政策，等等。

首先是需求政策，主要是政府部门的采购和提供技术补贴。在一种技术标准刚刚出来的时候，要成为事实标准，必须达到能引起正反馈的临界容量。政府采购有助于该技术标准迅速扩大市场规模，成为市场的主流标准。政府为了避免次优技术占领市场，往往

---

① E. Auriol and M. Benaim. Standardization in Decentralized Economics [J]. *American Economic Review*, 2000, 90 (3): 550-570.

会对那些具有良好发展前景且收益递增的技术进行补贴，这样做的效果往往比不做任何干涉要有效得多。

第二，是信誉机制影响预期。当消费者协调失败、观望，或者厂商标准战僵持阶段，政府的微小举动就可以轻易影响标准选择的结果。由于政府的公信力，在很多情况下，政府可以仅仅依靠政府信誉机制就达到引导和协调的目的。

第三，是补贴政策。从一国内部考虑，对网络外部性明显的先导产业提供补贴，可以加速标准的确立，有助于整个产业链竞争力和社会福利的提高，特别是当标准的确立关乎国家安全时，对标准的补贴政策就更显必要。在国际化背景下，一些直接的补贴政策容易引起国家间的贸易争端，但是用于提高中长期产业竞争力和中小企业竞争力的扶持政策是可以做的。因此，有选择地利用战略贸易政策是标准竞争的必然选择，比如在招标过程中偏爱国内厂商等。

（2）规制与反垄断政策。

从技术标准的公共品特性和标准中“赢者通吃”的特点看，运用规制与反垄断政策是非常必要的。正如利坦和夏皮罗（Litan and Shapiro，2002）所说，“技术兼容性导致的需求方经济，使得在一个技术革新日新月异的世界里构建反托拉斯政策面临着更严峻的挑战”[①]。因此标准的兼容与开放、市场力量与创新两个方面的规制政策都是应该重点关注的。

从标准的兼容与开放方面看，由于标准的兼容与开放而引起的强大的需求方规模经济，可以被掌握了标准的企业利用，来对使用者进行锁定并对市场进行垄断；另一方面又可以增加消费者和整个社会的福利。所以在标准的兼容与开放问题上出现了一个悖论，以至于关于标准是否应该开放，反垄断法如何介入的问题，经济学家

① Lawrence J. White. Antitrust During the Clinton Administration：An Assessment (December 2002) ［R/OL］. NYU Working Paper No. EC-03-01. Available at SSRN：http：//ssrn. com/abstract=1292620.

也争论不休，尚无定论，赞成和反对者均不乏其人。所以政府的政策也应该折中，并充分考虑市场的实际情况，保持政策稳定的同时兼顾动态调整。

当一个技术标准成为事实标准后，政策应允许其保留产权，并以此获取相应的适当的费用，但要保证向所有厂商包括竞争对手开放，提供平等的服务，保证其他厂商拥有在此技术标准上开发新技术的平等权利。

另外，考虑到标准竞争中支配厂商的垄断可能，应该禁止其在产业网络中的纵向延伸和横向兼并，不允许其将支配地位延伸到互补品领域。对于横向标准范围的扩大联合，应该由政府来主导完成。

（3）知识产权政策。

因为标准竞争的核心问题是内涵知识产权的竞争，一般技术和成为标准的技术的本质区别就在于是否占有知识产权[①]和使用知识产权作为战略竞争手段，所以关于知识产权的政策和法律对于标准竞争的结果会产生重要影响。又因为知识产权易被滥用，所以许多国家政府经常将知识产权政策和竞争政策配合使用，抑制标准和知识产权垄断的同时，促进创新；但是，当两者发生冲突的时候，法院经常会裁定知识产权法要服从竞争法。经济合作与发展组织（1989）认为，用法律制度控制知识产权的行使是在竞争政策的框架中进行的，即使知识产权的行使已经受到知识产权立法的规制，竞争法还要对其加上一层限制，以确保知识产权立法所授予的专有权不被用于结成卡特尔、瓜分市场等行为所滥用。[②]

综上所述，标准的供给与规制之间，就像标准与竞争、规制与竞争一样，虽是矛盾的两个方面，却存在着不可分割的联系，标准

---

① 张平、马骁：《标准化与知识产权战略》，北京，知识产权出版社，2002。

② OECD. OECD Report on Competition Policy & Intellectual Protection Rights [R]. Paris，1989.

供给有时又是规制的一种形式，比如政府强制性的标准设立实际上就是政府规制的一种，什么时候设立标准和进行规制，什么时候鼓励竞争，这都要因时因事而定。在经济全球化的今天，标准已经成为一种竞争战略，与传统意义上标准的概念已经大相径庭，企业要审时度势，利用有利条件成为标准的控制者，最终成为竞争的优胜者。政府更应该把握好规制的尺度，使政策的制定兼顾国家利益、企业发展、社会福利和消费者效用。

5.3　我国政府在产业网络集成创新中的作用

虽然上述研究探讨了政府在产业网络集成创新中的作用，但还仅限于法律、规章和政策层面，还未深入讨论政府的体制因素。很显然，若忽略了政府体制因素来研究中国政府在产业网络集成创新中的作用问题，将会是空中楼阁。这是因为新中国成立以来，由于长期奉行的计划经济体制，使中国的产业创新活动完全在政府的控制和影响之下，虽然 30 多年来的改革开放使这种情况发生了明显的改变，但是目前中国产业创新活动仍然部分来自市场引导，部分来自政府主导。更为重要的是，从中国政府通过对创新的激励、对创新资源和创新组织的控制，对科技创新和教育的直接投入，通过产业政策对产业发展的控制，通过国有企业对经济领域的控制等可以看出，我国政府的作用决定了产业网络创新的方向和创新的强度。[①] 所以，我们只有从演进的角度，循着中国产业创新政策和政府作用变迁的脉络，才能了解到在产业网络集成创新中，我国政府所发挥作用的全貌。

---

① 参见赵文哲：《财政分权与前沿技术进步、技术效率关系研究》，载《管理世界》，2008（7）。

5.3.1 产业创新政策概述

所谓创新政策，就是一系列以促进创新产生、利用和扩散为目标的公共政策的综合。① 所以，顾名思义可以得出产业创新政策的定义，就是将创新政策的范围限定于某些或某个具体产业，本质上，产业创新政策就是政府为了促进创新资源向这些产业部门流动，并鼓励其实现商业价值，而对某些或某个产业创新进行支持和鼓励的公共政策的综合。这些政策的实施往往会影响或改变某些或某个具体产业中技术创新的方向、速度、规模。

从国内的研究现状来看，对产业创新政策并不存在统一的定义，从不同的角度有不同的理解。从广义上来看，产业创新政策包含了所有对产业创新活动有影响的政策、法律和法规。正是由于科技和创新对产业发展的影响越来越深远，所以产业创新政策才越来越得到产业界、学术界和政府的关注，需求日益强烈。但是，因为创新兼具技术性、经济性和社会性，所以仅依靠科技、产业或社会管理等政策中的任何一个都解决不了问题，而需要一系列政策的组合。根据政策对产业创新活动影响的层面不同，有些学者从供给、需求、环境三个层面来研究产业创新的具体政策工具，而有的学者则从经济调节、社会管理、市场监管和公共服务四个方面来进行研究，还有其他的划分方式，但无论从哪些方面进行研究，其中包括的具体政策工具都基本一致。所以，本书暂且按照第一种方式来进行研究。

政策工具是政府介入产业创新活动的具体手段，根据国内外学者的观点（Roy Rothwell & Walter Zegveld，1981；徐作圣，2000），并借鉴国内外产业创新活动的政策特点，本书将产业创新政策工具按照供给、需求、环境三个层面分类说明，见表5—1。

---

① 柳卸林：《技术创新经济学》，北京，中国经济出版社，1993。

表 5—1　　　　　　　　产业创新政策工具的种类

分类	政策工具	定义	举例说明
供给层面	公共服务	政府实施的有关公共事业成立、运营和管理的各项措施以及鼓励技术和市场信息流动的行为。	水、电、气、热、信息网络等公共事业，产业园区公共设施，公共图书馆等。
	教育培训	政府对社会教育体制或培训体系实施的各类政策措施。	义务教育、高中教育、高等教育、职业教育、继续教育、岗前培训等。
	共性技术	政府直接或间接鼓励公共性质明显的科学技术的研发和转化。	国家建立的基础科学研究机构、学术团体、专业学会、研发中心、成果转化机构等。
需求层面	政府采购	中央及地方各级政府部门和公营事业的采购规定。	信息通信设备采购、新能源交通工具采购，等等。
	贸易扶持	政府的各项进出口贸易管制措施，和对企业海外分支机构的支持政策。	关税、贸易协定、国际贸易组织。
	基础设施	政府的各项解决社会公共问题的投资政策。	保障房建设、交通基础设施、电信基础设施、公共建筑物等。
环境层面	财税金融	政府直接或间接给予企业的财政支持，税收减免，融资优惠等。	贷款、补贴、创新基金、孵化基金、信贷担保、专用设备提供，等等。
	法律法规	政府为规范市场秩序而制定的各种制度。	知识产权、环境和健康法规、反垄断法规等。
	策略性政策	由政府组织制定的保护、扶持、协助产业发展的各项政策措施。	各种产业规划、区域规划、鼓励创新和中介组织发展的各项规划，等等。

产业创新政策会从项目可研、需求分析、研发投入、创新过程、组织生产、投放市场等各个阶段对产业创新产生全方位的影响。各类政策工具与产业创新活动各阶段的联系如图 5—2 所示。

从技术创新的全过程来看，上述这些政策工具都有其不同的作

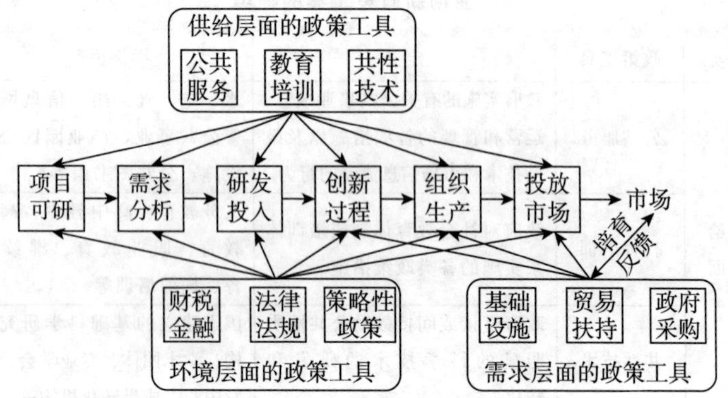

图 5—2　产业创新政策工具及作用层面

用阶段，随着各国政府对产业创新政策的日益重视，各类有利于产业创新的新的制度安排和政策工具不断推陈出新，但基本都还是在供给、需求和环境三个基本层面的协调和综合。

产业网络是由各种市场和非市场的因素交织而成的复杂网络，是一个开放的、各个行为主体相互依存、相互作用的动态发展的聚集体。在不同时期，产业网络的组织结构特性也会有所调整。因此政府的制度安排、政策工具及其运用策略必须实用有效，并且要在实践中不断学习和调整。产业网络是复杂的系统网络，因此它需要周全并且一致的产业创新政策，对政府部门制定和实施政策的水平提出了较高的要求。这就要求政府部门在制定产业创新政策的时候不仅要关注核心的政策工具，还要注意保持政策的连贯一致，同时要全面考虑产业创新政策和其他政策工具之间的相互作用和影响。

总而言之，产业创新政策的提出，有其特定的政治、经济和科技背景，包括社会文化背景，其目的都是要帮助产业提升创新能力，提高产业和产业内企业的竞争力，引导产业健康发展，保障本国产业安全和经济安全。当上述目标达成之后，最终还是应以市场为主，政府作用仅为弥补“市场失灵”。

5.3.2 中国产业创新政策的演进

正如前文所述，产业创新政策的制定和实施都要充分考虑特定的发展阶段。我国正处于经济转轨时期，正在向着更具竞争力的经济系统过渡。在经济全球化的大背景下，适合我国国情的产业创新政策对于提升产业竞争力和企业的创新能力，对于促进我国综合国力的提升是非常重要的。因此系统梳理新中国成立以来，尤其是改革开放以来我国产业创新政策的历史演进以及政府角色的变迁，对于我们从宏观上了解产业和创新系统的发展规律以及制度建设规律，继续构建和完善适合我国国情的产业创新政策体系，更规范、有效地发挥政府在促进产业创新中的作用，大有裨益。

总的来说，新中国成立以后，我国产业创新政策的演进经历了四个阶段：

(1) 第一阶段：新中国成立之后到改革开放以前的这段时间(1949—1978 年)。1949 年新中国成立之初，百废待兴、百业待举。我国在苏联的帮助下，学习苏联模式，长期实施社会主义计划经济的模式。在计划经济体制下，生产资料归全民所有，由国家计划按照比例直接安排社会各方面的经济建设。由此开始了中国有史以来最大规模的，涉及全部产业的全部方面的产业发展计划。其涉及面之广，数量之多在世界上都是居于领先地位的。在当时“一穷二白”的情况下，相当数量的政策在当时是起了正面作用和较好效果的，在较短的时间内，建立了大体完整的工业体系。

这时候的创新，就其实质而言，就是大规模的技术引进，工程技术和工程教育协调发展，以需求推动工程技术人才培养和成长，并形成了科研和工程实践紧密结合的鲜明特色。①

这个时期的产业政策特点是以重工业为主、轻工业为辅，其他

① 参见郭淑芬：《我国国家创新系统的演进历程》，载《自然辩证法研究》，2010，26 (11)。

经济部门在不妨碍重工业发展的情况下，按照实际需要的人力物力尽可能地发展。①

这个时期是我国的产业体系初步建立、产学结合初步形成的时期。

当然，由于种种原因，也出现了一些显得幼稚或者错误的政策，导致经济结构严重失衡，在逐步恢复的过程中又遭到"十年浩劫"的严重破坏，文化大革命之后，各类机构恢复重建，科技、产业和经济建设才逐渐步入发展轨道。

(2) 第二阶段：改革之初（1978—1995年）。

1978年党的十一届三中全会之后，我国开始逐渐踏上改革开放的道路。因为原来计划经济时期的科技体制已经与经济发展的实际需要严重脱节，所以，在充分讨论和酝酿的基础上，国务院在1985年颁布了《中共中央关于科学技术体制改革的决定》，标志着我国的科技体制改革正式启动。体制改革的主要目的是为了让科研成果迅速转化为生产力，促进科技、产业、经济和社会发展。同时，国家还制定了能源、交通、通信、农业、消费品工业、机械工业、建筑材料工业、城市建设、村镇建设、城乡住宅建设、环境保护等十余个产业领域的技术创新政策。1986年国家启动星火计划，主要用于安排先进适用的科技成果在农村及乡镇企业应用推广和培训，推动农村工业化和农业现代化。1988年国家启动火炬计划，关注重点技术领域的高新技术项目、开发区建设和培训，着力推动我国高新技术的产业化。

这个时期的产业创新政策主要具有如下特点：

第一，政府主导推动科技进步，国家不仅出台了一系列国家科学技术计划，同时配套出台了多个科技产业化计划，开始关注产学结合，重点引导推动具有国际竞争力的新型企业的建立，对产业结构进行调整，深入开展技术改造，推动我国整体创新。

① 苏东水：《产业经济学（第二版）》，北京，高等教育出版社，2006。

第二，重大创新项目国家主导，一般项目市场调节，重视计划和市场相结合。这也产生了许多技术市场。

第三，政策创新意识不够，对企业是创新主体的认识不到位。

（3）第三阶段：改革深化（1995—2005 年）。

1995 年 5 月，中共中央和国务院做出了《关于加速科学技术进步的决定》，实施“科教兴国”战略，落实科学技术是第一生产力的思想，发展高新技术及其相关产业。1996 年 3 月，《国民经济和社会发展“九五”计划和 2010 年远景目标纲要》明确提出，提高产业的技术创新能力是当前和今后一个相当长的时期内科学技术方面的重点任务之一，明确了以企业为主，产学研结合的技术开发体系和以高校、科研院所为主的科学研究体系及社会化科技服务体系。1999 年 8 月，中共中央和国务院做出《关于加强技术创新、发展高科技、实现产业化的决定》，全面加强技术创新、发展高科技、实现产业化，促进技术创新和高科技成果产业化、商品化。为了改革顺畅，更有利于产业创新，国务院和各级政府部门不仅出台了一系列配套扶持政策，还于 2000 年 7 月，将国务院各部委所属的 134 家开发类科研机构转制为科技企业并在经费方面予以扶持。2005 年 12 月，国务院颁布了《国家中长期科学和技术发展规划纲要（2006—2020）》，进入了以全面提高自主创新能力为目标的新的发展阶段。

这个时期我国产业创新政策的主要特点是：

第一，实行开发类科研机构转企，鼓励科技人员创业。加强知识产权保护，允许科技人员将高科技成果作价入股，全面调动了科技人员技术创新的积极性，有力地促进了科研成果产业化。

第二，接受技术创新概念，支持科研成果产业化。《科技进步法》、《促进科技成果转化法》等法律法规相继出台。这些法律法规为科研成果转化和产业化营造了良好的政策环境。

第三，明确了企业在技术开发中的主体地位，关注企业创新能力提升。组织实施以企业为主体的技术创新工程，设立了以重点扶

植科技型中小企业为主的创新基金。

（3）第四阶段：新的发展阶段（2006年至今）。

在经济全球化的大背景下，跨国公司凭借先发优势和技术垄断对我国相关产业冲击很大，我国以市场换技术的目的没能够很好地实现，企业技术创新能力提高的步伐缓慢。如何全面有效地提高我国企业的自主创新能力，成为这一时期关注的焦点。

国务院牵头、官产学研各界全面参与，在全面、深入分析了未来相当长时期内国内外经济、社会、科技发展趋势之后出台的《国家中长期科学和技术发展规划纲要（2006—2020）》（以下简称《纲要》），把“自主创新、重点跨越、支撑发展、引领未来”作为我国的中长期科技发展战略，把自主创新摆在全部科技工作的突出位置，指出科技人才是提高自主创新能力的关键，并提出了力争到2020年“研发投入占GDP比重提高到2.5%以上，对外技术依存度降到30%以下，科技进步贡献率达到60%，本国人发明专利年度授权量和国际科技论文被引用数量进入世界前5位”的具体目标。为配合纲要的实施，2006年7月，国家出台了《国家科技支撑计划》，以重大公益技术及产业共性技术研究开发与应用示范为重点，加强集成创新和引进、消化、吸收再创新，着力攻克一批关键技术，突破瓶颈制约。2008年4月修改了《高新技术企业认定管理办法》，要求以企业自主研发和创新能力为核心来认定高新技术企业。2009年3月，国务院发布《关于发挥科技支撑作用，促进经济平稳较快发展的意见》，提出了6项支撑措施、4项保障措施，加快实施科技重大专项，培育战略性高新技术企业，大力支持企业提高自主创新能力，完善产业技术创新链，整合资源，形成发展合力。2012年，国务院及相关部委将会集中发布一系列为支持、引导战略性新兴产业发展的政策，其中，国家发改委牵头编写了《战略性新兴产业“十二五”发展规划》，包括信息产业、智能制造装备、新材料等重点领域规划，相关部门也会加大财税金融支持力度，推进体制机制创新，设立战略性产业发展资金等支持战略性新

兴产业发展。

新时期我国产业创新政策的主要特点是：

第一，以增强自主创新能力为核心，建设创新型国家，重视战略性新兴产业，使处于工业化中后期的中国越过资本驱动型阶段，直接进入以开发人类智力资源为主的新阶段。

第二，将弱化经济增长日趋严峻的资源环境约束，提高科技进步对经济增长的贡献率，扭转对外科技依存度过高的状况作为该时期的主要目标。

第三，《纲要》和各项配套政策更强调调整政府职能，从以供给推动为主要手段转向以综合利用供需两端的政策来实现政策目标。对企业创新能力提高实施普惠政策，更符合市场经济规律和 WTO 的规则。

5.3.3　中国政府作用的变迁及其原因

不同国家的政府在产业网络创新活动中的作用方式各有不同；一国之内，不同经济发展阶段政府的作用方式也会有所调整和变化。中国产业创新政策演进的过程也正是中国政府作用变迁的过程。由于历史原因，中国一直是一个强调政府干预的国家，只是不同的时期、不同的产业，政府作用的强弱有所区别。

从前面对我国产业创新政策的历史演进也可以看出，我国存在着几个特殊的发展阶段，有着特殊的国情。我国政府的作用方式也正在从以计划经济为主，向以市场经济为主不断转变，企业也已经从政府部门的附属物转变为市场经济的主体和产业创新的主体，高校和科研机构的改革也在深入进行，政府的职能也正在从行政管理向强化服务的方向转变。随着市场经济体系的不断完善，在许多产业领域，市场在资源配置中的基础作用正变得越来越重要，比如信息通信产业、装备制造、家电制造等许多领域，但在个别传统的市场力量比较薄弱的产业领域，比如能源、基础设施、航空航天和军事工业领域，政府的作用仍非常突出。但总的来看，政府的作用正

由无处不在的计划控制转向了宏观调控，重点参与。政府的干预逐步弱化，市场力量逐步增强。

总结起来，中国政府作用变迁的主要原因可以归结为如下三点：

第一，适应经济和社会发展的需要。从系统论的角度看，政府组织是一个开放的系统，它与其所处的环境相互联系、相互影响和相互作用。如果把政府组织作为一个因变量，那么政府组织所处的环境就是自变量。政府组织的管理体制和运行机制乃至深层次的管理价值观和管理理念等都取决于其所处的特定的生成环境和发展环境。可以认为是一定的环境类型造就了一定的政府类型。传统的以自然经济和小农经济为主的经济环境造就了以封建皇权为中心的功能合一的政府类型；以计划经济为基础的经济环境造就了以政府计划为导向的全能型的政府类型；以市场经济为基础的经济环境造就了以市场为导向的有限功能的政府类型。现如今，我国已逐步转向市场经济，所以我国政府就没有必要也不应该再像以往计划经济模式那样对经济和科技活动事无巨细，样样都管。经济环境的变化对政府的转型提出了要求，政府是否能够与时俱进地对自身的构造和运行过程进行合理调整，决定了政府是否能够与经济社会发展同步保持新的平衡，是否能够与经济社会环境继续保持良性互动。

第二，政府自身完善和再造的需要。也就是说，政府要顺应社会市场经济的要求努力调整和更新自身的管理范围、职能结构、机构设置、管理方式、人才结构、方法技术等。首先，这种调整和更新不是盲目的行为，而是在明确的价值取向和既定目标指引下的有目的的变迁；其次，这种调整和更新不是被动的行为，而是主动为之，是政府为了适应经济社会发展需要的自觉自愿的行动；最后，这种调整和更新不是局部行为，而是全面和系统的改革，会对整个政府机构及其运行机制带来系统性和全局性的变化。但是，要注意的是，这种自身的完善和再造是渐进的、逐步完善的过程，不可能一蹴而就。

第三，是促进经济转型和社会发展的需要。经济环境的变迁推动政府作用的变迁，反过来，政府作用的变迁又能够有效促进经济转型和发展。经济的转型一方面是由于经济社会系统内部矛盾作用的结果，一方面是源于经济全球化环境下外部的竞争压力。毫无疑问，政府在推动经济转型和社会发展中起着非常重要的作用。在许多情况下，经济转型和社会发展是政府自觉谋划并着力推动的结果，而政府若要成为经济转型和发展的积极推动力量，首先要实现自身完善。如果政府在经济转型的大背景下依然恪守自己原来的职能界限，仍然采用以往的行政管理手段，就势必会阻碍经济的转型和发展。

第6章 实证分析——中国铁路产业网络集成创新与政府作用[①]

围绕着产业网络的集成创新问题，第 3、4、5 三章分别从整个产业网络的角度，及其最重要的两个行为主体——企业和政府的角度进行了理论分析和研究。其中第 3 章还为产业网络的集成创新与政府作用的总体研究构建了治理结构、集成创新模式（行为）、绩效评价的 SCP 分析框架。本章将依据前述理论研究和效率评价模型，对中国铁路产业网络集成创新与政府作用进行实证研究。

我们在第 3 章已经分析到，产业网络的特征和治理结构都有其形成的基础条件和制度环境，并与特定的发展阶段有关，有着明显的路径依赖特征。中国许多传统产业，包括我们本章要研究的铁路产

① 2013 年 3 月 10 日，国务院正式公布机构改革和职能转变方案，铁道部被撤销，原铁道部行政管理职能归交通部，企业职能划归新成立的中国铁路总公司；但是，因为本章的统计数据是以 2012 年之前为主，为避免混淆，所以仍使用“铁道部”的称呼，从现实情况来看，这不会对本章的分析过程及分析结论造成影响。

业最初都是学习的苏联的计划经济模式，并随着中国整个制度变迁的进程和世界科学技术的发展逐渐形成了自己的特色。之所以选择铁路产业，首先是因为它属于“他组织型”的产业网络。“他组织型”中的“他”主要是指政府，这与本书的研究重点相吻合。其次，铁路产业在“他组织型”产业网络中具有相当的代表性，而且不是个案。相比较于其他产业而言，在目前阶段，中国的铁路产业是典型的政府主导型产业。不仅是在中国，即使是在欧、美、日、韩等发达国家，政府在铁路产业中的角色也都相当重要，只是作用的强弱随着政府对铁路管理和经营体制的改革，随着铁路服务供给和需求对比状况的变化，以及铁路在国民经济中的作用和地位不同而有所变化。

6.1　铁路产业网络的有机构成、治理结构与集成创新模式

6.1.1　铁路产业网络的有机构成

在现阶段，中国铁路产业网络中主要的行为主体包括四大类：第一类是作为政府代表的铁道部，第二类是铁路运输企业、装备制造企业、建筑企业、物资企业、信息通信企业、建设投资公司等大型企业，第三类是铁道科学研究院、勘察设计院、经济规划研究院等科研机构（实际已转制为大型科技企业，大部分既有科研、开发、生产功能，又有咨询、服务等中介功能），第四类是原铁道部所辖的八所高等院校（现已划归教育部直属或归地方）。因为铁路产业网络是一个开放、动态的系统，目前已经有包括清华、北航、上海交大、中科院等多所国内著名的高校和科研机构，以及国内外众多的企业参与其中。随着中国铁路的发展，会有更多的原来铁路系统以外的企业、高校和科研院所参与到该产业网络之中，但前面列出的四类行为主体因为历史沿革和共同的行业背景等原因联系更为紧密。在

中国铁路产业网络中，这些行为主体的地位和作用不尽相同，既有分工又有合作，各企业、科研院所、高校之间也经常会相互竞争，包括铁路系统外部的企业、高校和科研院所、金融机构、中介机构等共同构成了完整的中国铁路产业网络。

图 6—1 大致直观展示了中国铁路产业网络的各个行为主体及其之间的关系和所处的层次。其实，在这个网络中，很多企业都是纵向一体化的企业，其中的科研院所要么归铁道部直属，要么隶属于企业，大多也都是集科学研究、勘察设计、系统集成、工程监理、工程咨询、工程总承包于一身。以每一个单独的企业为核心，又可以单独组成一个创新子网络，很多企业又兼具多类行为主体的功能，因为太过复杂，图中不再表示出来。由此可见，铁路产业内部各行为主体已经构成了一个功能完备，规模庞大的创新网络。

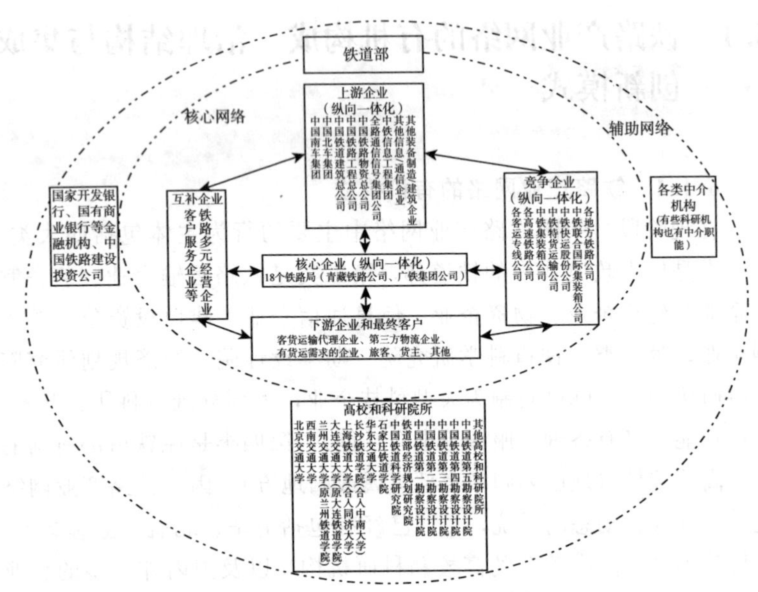

图 6—1　铁路产业网络示意图

6.1.2 中国铁路产业网络创新活动主要行为主体与政府定位

(1) 铁路企业处于整个铁路产业网络的核心层，是整个网络的创新主体。按照业内通行的站前和站后工程的划分标准，可以把铁路企业分为铁路勘察设计企业（设计院）、铁路工程建筑企业、铁路装备制造企业、铁路信息化和自动化建设企业、铁路科研开发企业（研究院）、铁路运输企业等六个层面，全面涵盖了铁路从科研开发、工程建设到铁路运营的各个环节。铁路企业的创新主体地位主要体现在：它们是铁路技术创新优惠政策的运用主体，是铁路技术创新战略、技术创新规划的实施主体，是铁路技术创新具体项目的决策、投资、执行、获益和风险承担主体。

整个铁路产业网络提供的最终产品，就是为国民经济的发展和消费者的出行提供各式各样的铁路运输服务，要达到的目标是“人便其行、货畅其流”。作为铁路核心运输企业的 18 个铁路局（包括广铁集团公司、青藏铁路公司）（以下简称“18 个铁路局”）正是直接为消费者提供运输服务的企业。根据 2011 年度的统计数据，18 个铁路局共完成了全国铁路旅客运输总量的 98.3%以上，和铁路货物运输总量的 84.9%以上[①]，所以 18 个铁路局又是整个铁路产业网络创新主体中的核心企业。铁路产业主要的创新主体企业类型图如图 6—2 所示。

(2) 因为在现有的管理体制和运行机制下，18 个铁路局仍是铁道部的直属企业，所以作为政府代表和出资人代表的铁道部在整个铁路产业网络中居于主导地位。但是，关于铁道部应该在铁路产业网络创新活动中发挥什么样的作用的问题一直颇具争议，主要观点可以归为两大类。一类学者认为“铁道部应该在铁路产业网络创新活动中起决定性作用，承担起对创新项目的选择、政策制定、资金分配、信息发布等职能，承担起铁路公益性、矛盾协调、行业监

① 数据来源：《中华人民共和国铁道部 2010 年铁道统计公报》。

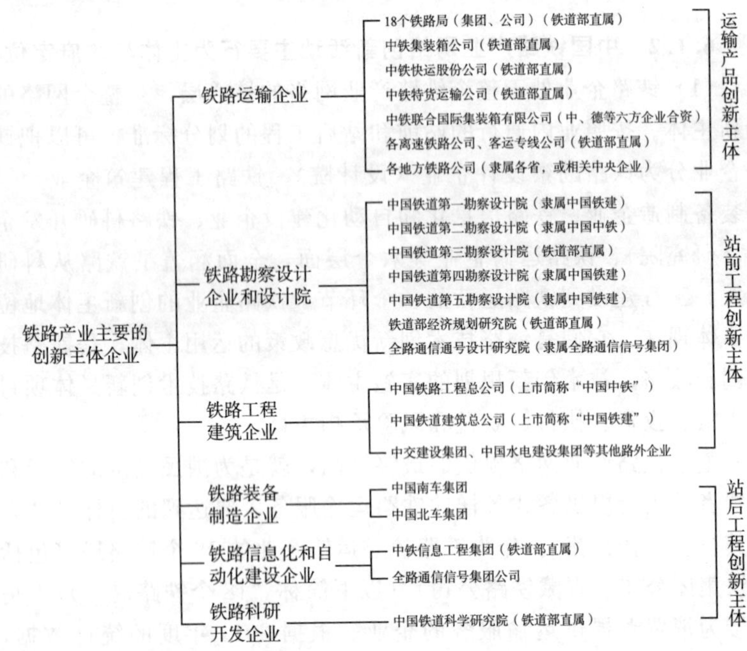

图 6—2　铁路产业主要的创新主体企业类型图

管和投资建设等各方面任务”①。而另一类学者则认为“宏观政策的制定才是铁道部应该集中精力做好的重点工作。铁道部应该仅保留行业监管职能，放弃其经营管理职能”②。本书的观点认为，对于铁道部在中国铁路产业网络创新活动中作用的正确定位，应该充分考虑我国现阶段特殊的国情和铁路产业的实际情况（业内简称“路情”），充分考虑铁路产业创新活动的特点。在这里我们不得不费些笔墨就上述情况做简要说明。

---

① 参见李红昌：《关于我国铁路改革与发展路径选择的若干思考》，载《铁道经济研究》，2005（2）。

② 参见刘朝明：《论加入 WTO 后我国铁路行业管理体制改革》，载《西南交通大学学报（社会科学版）》，2004（1）。

在现阶段我国的国情和铁路产业的实际情况是：中国铁路现有的运能严重不足，已经成为制约中国经济发展的瓶颈。到 2007 年的时候，中国铁路的路网密度不足美国的 1/3，只有印度的 2/5，但是运输密度却是世界第一，是美国的 3.7 倍，印度的 2.4 倍，虽然经过这几年大规模的高速铁路和客运专线建设，紧张状况得到一定缓解，但运输密度仍然是世界第一。改革开放以来，我国国民经济持续保持快速增长的良好势头，特别是进入 21 世纪以来，国内生产总值以年均 9.5％左右的涨幅稳步递增。我国的经济总量已跃居世界第二位。国民经济的持续快速增长，对铁路、公路等交通运输基础设施的建设和发展提出了迫切要求。但是，相比较于我国国民经济发展形势和其他交通运输方式，我国在铁路建设和发展方面严重滞后，铁路的运输生产能力已经远不能适应经济社会发展的需要，供需矛盾非常尖锐。铁路货物运输能力仅能满足社会需求的 35％左右，且 90％以上的货运能力都用于煤炭、粮食、冶炼、农用物资等关系国计民生的重点物资，很多企业被迫“以运定产”①。目前铁路共承担了全社会 85％的木材、85％的原油、60％的煤炭、80％的钢铁及冶炼物资的运输任务②，并且保持持续增长的态势，铁路客货周转量也逐年攀升（见图 6—3）。在保证重点物资运输的情况下，其他品类物资的运输空间越来越小，同时还要绝对保障国家重点工程运输、特种运输、军事运输等任务；铁路旅客运输在高速铁路和客运专线大规模投入运营之前仅能满足社会需求的 50％左右，尤其是在客流高峰期，即使“停货运保客运”也仍然有很大的供给缺口；中国由于经济发展和资源分布的地区差异，以及人员流动和货物流动的季节性、周期性特点，导致对铁路运能需求的时空差异非常大。

正是由于铁路运输在国民经济中的地位非常重要，但是其供给

① 数据来自铁道部运输局营运部，2010-12。

② 中国政府网：《发展铁路符合中国国情——张梅颖谈铁路的重要地位》，http://www.gov.cn/2008lh/content_914079.htm。

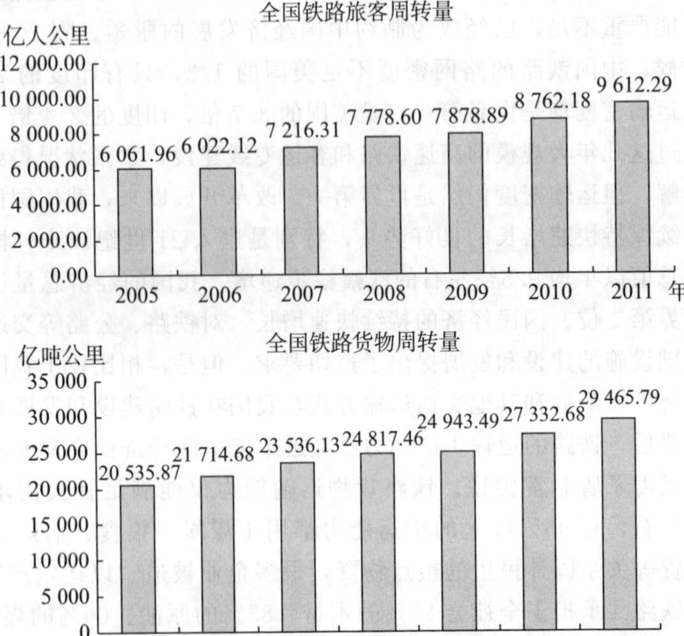

图 6—3　2005—2011 年全国铁路旅客和货物运输周转量

注：旅客（货物）周转量：指在一定时期内，由各种运输工具运送的旅客（货物）数量与其相应运输距离的乘积之总和。该指标可以反映运输业生产的总成果，也是编制和检查运输生产计划，计算运输效率、劳动生产率以及核算运输单位成本的主要基础资料。计算旅客（货物）周转量通常按发出站与到达站之间的最短距离，也就是计费距离计算。计算公式为：旅客（货物）周转量＝∑（旅客（货物）运输量×运输距离）。

资料来源：根据历年铁道统计公报和铁路主要指标完成情况整理。

长期严重不足，才使国家下决心加大铁路投入和创新力度，迅速提高运力，因此 2004 年国务院审议通过了国家《中长期铁路网规划》（以下简称《规划》），计划到 2020 年使我国铁路运营总里程达到

10 万公里。[①] 但是，根据国家发改委的测算，要实现《规划》的目标，从 2005 年开始计算到 2020 年，年均至少需投资1 000 亿～1 200亿元人民币。国家财政的投资潜力有限[②]，存在巨大的资金缺口，所以几百个亿的“空缺”需要利用社会资本投资。然而正如诺贝尔经济学奖得主莫顿·米勒在 1994 年所预言的那样，社会资本很难被吸引进来。米勒博士认为，从技术与比较收益的角度来看：“中国交通基础设施的投资改革将首先是发生在公路而不是铁路领域，因为铁路‘统一调度指挥’的运营技术特性虽然能大大降低交易成本，但是其路网的自然垄断特征和低收益却难以吸引私人投资者。”[③] 根据专家测算，以目前的工程造价来看，新建一公里铁路一般需要几千万元，特殊路段需要上亿元，投资利润率一般不超过 6%，投资回收期更是至少长达 15 年。正是因为铁路建设投资规模巨大（参见图 6—4）、成本高、利润率低、投资回收期长的特点，所以很难吸引社会资本。再加上即使社会资本进入铁路，也会被铁路巨大的资本存量和增量“淹没”得无影无踪，微乎其微的股权比例使其没有发言权，所以更是没有社会资本敢于问津了。国家财政无力支撑，又难以吸引社会投资，所以，为了使《规划》顺利推进，铁道部只能以政府信誉作担保，向银行贷款和发行债券，承担巨额债务的巨大压力，这是任何企业都无法做到的。

由此可见，放在整个中国的大背景下，中国铁路产业的发展更具有其特殊性。在技术和制度条件尚不具备的阶段，铁道部在铁路产业网络创新活动中居于主导地位是合理的。上述创新特点和创新

---

① 2008 年国务院批准的《综合交通网中长期发展规划》将 2020 年我国铁路网营业里程将达到的目标重新调高至 12 万公里以上，因此 2004 年的《中长期铁路网规划》已作比照调整，并将铁路电化率由原目标 50%调整为 60%以上。

② 国家财政每年新增财政收入不足 3 000 亿元，但需要用钱的地方太多，国家财政难以持续支撑铁路建设的巨大投入。

③ 原文出处《经济学消息报》1994 年 9 月 1 日第一版，起因于《经济学消息报》在 1994 年集中一个月时间搞的“诺贝尔大追寻”活动，面对面地采访了许多的诺贝尔经济学奖得主。在这次集中采访活动中谈中国问题最多的要数芝加哥大学的莫顿·米勒教授。在他诸多关于中国问题的谈论中，针对中国交通问题提出许多建议。

图 6—4　2005—2011 年全国铁路固定资产投资总额

资料来源：根据历年《铁道统计公报》和《铁路主要指标完成情况》整理。

面临的主要问题与中国现阶段的国情、路情共同决定了现阶段中国铁路产业的创新还是应该以政府为主导，协调铁路产业网络内各行为主体进行集成创新。

（3）科研院所处于铁路产业网络的辅助层，主要承担与铁路运输相关车、机、工、电、辆、土建、信息通信、安全、环保、运输经济等方向重大问题的科学研究、科研开发等，并承担规划、标准等问题的研究，还具有科研成果转化、咨询、中介服务的功能。自20 世纪 90 年代末，国家对部委所属的科研开发型科研院所进行企业化改制以来，中国铁道科学研究院、铁道部专业设计院、全路通信信号研究设计院、第一到第五勘察设计院等一大批科研机构已转制为集科研、开发、生产、咨询等业务为一体的大型科技企业，有些已经划归国资委管理的中央企业。这些科研院所在长期的铁路产业科学研究和工程实践中积累了非常丰富的经验，具有雄厚的技术实力和实验条件，已经成为国家级的、重要的“铁路行业基础研究基地、引进技术消化吸收再创新基地、关键系统技术集成基地、大型综合科研试验基地、科技人才培养基地和高新技术成果转化基地”，对于铁路产业创新中的许多共性问题的科研攻关和工程试验，大多是由这些科研院所来完成的。

(4) 高等院校与科研院所一样也处在铁路产业网络的辅助层，是铁路各专业人才的培养基地和继续教育基地、基础科学研究基地、科学知识的传播基地、科学前沿的探索基地，并从事部分应用研究和科研成果转化。尤其是原来铁路行业的高等院校，兼具综合性和行业特色性，在原来专业积累的基础上充分汲取“百家之长”，不仅为铁路和其他相关行业培养和输送了大批专业技术人才，更重要的是能够融合各行各业先进的知识、技术和经验，促进了共性知识、技术和经验在不同行业的传播与扩散。

各相关高校、科研院所、金融机构和中介机构等行为主体对产业网络的集成创新起辅助和支撑的作用。

6.1.3 铁路产业网络的治理结构与集成创新模式

对于铁路产业网络的治理结构和集成创新模式的研究，本书分别以铁路产业的科研管理体系和铁路产业创新的主要方向为切入点展开研究。

1. 铁路产业的科研管理体系

铁路产业的创新活动主要是围绕着铁道部层面的两大类科学研究计划展开：第一大类是铁道部科技研究开发计划，第二大类是铁道部软科学研究计划。前者主要依据《铁路主要技术政策》和《铁路科技发展规划》而制定，是《铁路科技发展规划》的年度实施计划，是国家科技计划的有机组成部分。铁道部科技研究开发计划主要是对具有全局和前瞻意义的铁路新装备、新材料、新技术、新工艺进行研究、开发、试验，新标准的制定，基础理论和管理科学的研究，以及引进技术的消化吸收和国产化等内容。在装备研发方面，主要是通过对首台（套）技术装备的研发，建立相应的技术条件和技术标准。[①] 铁道部软科学研究计划

① 《关于印发〈铁道部科技研究开发计划管理办法〉的通知》，铁科技［2011］166 号。

的主要目的和作用是针对我国铁路发展中的运输组织、经营管理、政策法规、铁路改革、战略规划等方面的问题以及与铁路与国家经济、社会协调发展的问题进行研究，为铁路科学决策、科学管理提供依据。

整个铁路产业的科研管理体系可以用图 6—5 直观表示。

铁道部设立由主管科技的副部长负责、相关职能司局参加的科研计划管理委员会和软科学研究指导组负责上述两大类科学研究计划的牵头、方向拟定、审查和监督。科研计划管理委员会办公室和软科学研究指导组常设机构均设在铁道部科学技术司，由铁道部科学技术司具体负责上述两大类科研计划的起草、编制、招标组织、合同签订与管理、课题验收、中期审查和最后的成果鉴定，是上述两大类科研计划的具体归口管理部门。铁道部每年安排运输支出预算的 0.06％和铁路建设基金的 0.25％作为基本科研经费，并按照 9：1 的比例分配给铁道部科技研究开发计划和铁道部软科学研究计划，根据项目的具体内容和来源多渠道筹措科研经费。

铁道部科学技术司组建科研管理专家咨询组[①]，根据国家《铁路中长期铁路网规划》、《铁路主要技术政策》、《铁路科技发展规划》等重要文件结合近期铁路发展中的关键性技术和管理问题，编制并发布年度《铁道部科技研究开发课题指南》和年度《铁道部软科学研究计划项目指南》，各个铁路工程建设、装备制造、运营维护、科研和高等院校等单位和个人都可以根据两类项目指南以及铁路实际工程建设、运营维护、技术装备中的关键技术问题和管理问题组织申报，科学技术司组织专家进行初步的评议和筛选后，再对通过的具体课题进行科技查新和审查论证，形成铁道部科研计划草案，分别报送科研计划管理委员会办公室和软科学研究指导组审查，最后由主管科技工作的副部长审批。

① 咨询组成员从铁道部科技专家信息库中选聘，每届任期 2 年，任期内不得申请铁道部科研计划重大课题。科学技术司负责建立铁道部科技专家信息库，实行动态管理，充分发挥专家在课题招标、课题验收和成果评价等工作中的作用。

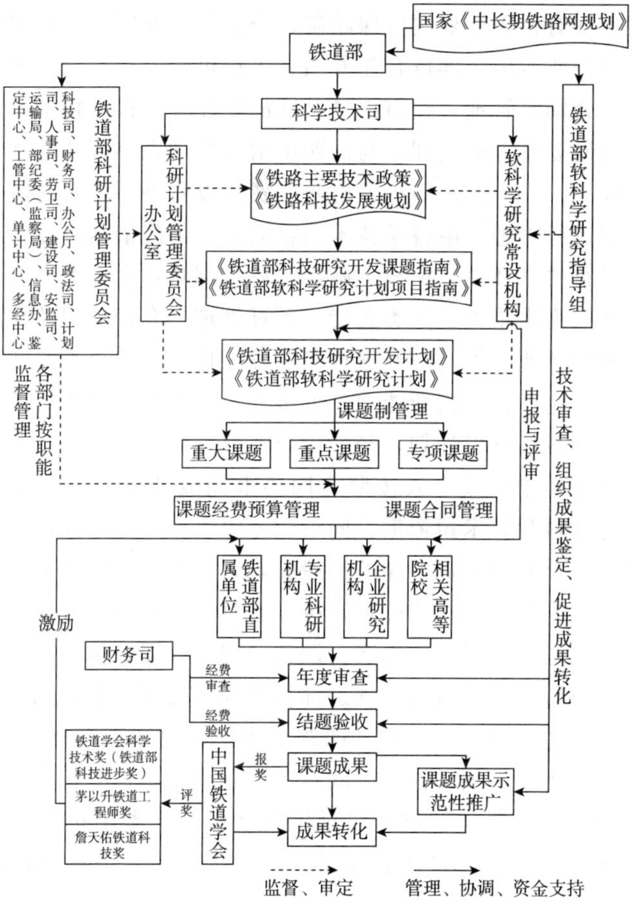

国家《中长期铁路网规划》

铁道部

铁道部科研计划管理委员会

科技司、财务司、办公厅、政法司、计划司、人事司、劳卫司、建设司、安监司、运输局、部纪委（监察局）、信息办、鉴定中心、工管中心、单计中心、多经中心

科学技术司

铁道部软科学研究指导组

科研计划管理委员会办公室

软科学研究常设机构

《铁路主要技术政策》
《铁路科技发展规划》

《铁道部科技研究开发课题指南》
《铁道部软科学研究计划项目指南》

《铁道部科技研究开发计划》
《铁道部软科学研究计划》

各部门按职能监督管理

申报与评审

技术审查、组织成果鉴定、促进成果转化

课题制管理

重大课题　重点课题　专项课题

课题经费预算管理　课题合同管理

铁道部直属单位　专业科研机构　企业研究机构　相关高等院校

激励

财务司

经费审查　年度审查

经费验收　结题验收

课题成果

报奖

中国铁道学会

评奖

铁道学会科学技术奖（铁道部科技进步奖）

茅以升铁道工程师奖

詹天佑铁道科技奖

课题成果示范性推广

成果转化

监督、审定　管理、协调、资金支持

图 6—5　铁路产业的科研管理体系

说明：

a. 该图形仅按铁道部层面组织的科研计划设置，暂不考虑各项目承包单位自设立的科研计划以及铁路企业对相关院校和研究机构的科技投入。

b. 重大课题主要支持对铁路产业技术升级带动作用大、覆盖面广、关联度高的关键技术研究、开发以及重大基础理论问题研究。

重点课题主要支持对铁路专业技术领域具有促进作用的应用基础和关键技术研究与开发重点基础理论问题研究。

专项课题主要支持利用企业和高校的综合技术优势，对铁路行业及所属企业技术进步和创新能力具有促进作用的技术研究与开发以及依托工程建设开展的相关技术研究。

c. 部直属单位仅信息技术中心可以申请作为课题第一承担单位，部机关各司局及部属中心原则上不得作为课题第一承担单位申请课题。

铁道部对科研计划实行课题制，分为重大课题、重点课题和专项课题（企业专项、部校合作专项、工程可研专项）三类课题，对课题实行合同制管理。铁道部是合同的委托方，科学技术司司长作为课题合同委托方的代理人与课题申请方代理人签订合同之后，课题即告成立。铁道部按照国家财政经费预算管理要求对铁道部科研计划经费进行管理。由科学技术司会同有关部门依据制度对课题经费预算进行科学评估、审核、确定。铁道部对重大、重点、专项课题经费按照突出重大、分类支持、预算管理、合理分担的原则给予资助。鼓励企业自筹经费开展科研开发工作，对符合铁路技术发展政策，提升企业技术创新能力，促进铁路行业技术进步的课题，可纳入铁道部科研开发计划，经费由企业自筹。

课题承担单位或个人按照合同要求完成课题之后，可申请结题。铁道部科学技术司依据合同组织专家进行审查，并负责课题的技术验收，财务司负责课题的经费验收，并将验收意见下发课题承担单位。对未通过验收的课题，按未通过结题验收记入课题承担单位和课题负责人科研信用档案，课题经费的处置，按照《铁路科研经费管理暂行办法》执行。铁道部科研计划课题产生的知识产权由铁道部和课题承担单位共有。课题承担单位对知识产权进行转让、许可他人使用，必须经铁道部同意。课题承担单位要积极进行科研成果转化，铁道部科学技术司每年会从研究经费中按比例拨付专款，用于资助科研计划课题成果示范性推广，促进科研成果及时转化。

铁道部积极鼓励科研单位、高等院校和企业以联盟的方式联合申报课题，支持铁路产业网络内各行为主体的创新合作。

对于铁路全行业的技术标准问题，都由铁道部统一管理、统一发布。铁道部相关业务司局负责具体专业标准制定工作，铁道部科学技术司负责整个铁路行业技术标准的审定、归口管理和统一发布。这种对行业标准的管理体制，保证了整个铁路产业标准的统一性和兼容性，保证了整个铁路网络的互联互通和顺利接

入，促进了铁路网络效用的最大化，促进了铁路产业网络的相关行为主体在统一标准下的竞争与合作，促进了集成创新的顺利进行。

中国铁道学会在铁路科研管理体系中主要起激励作用，每年都会组织一次对全国铁路的优秀科技成果和科技工作者的表彰和奖励，并承担部分科研成果推广工作。对于特别优秀的科技成果，中国铁道学会将组织推荐申报国家科技进步奖。

铁路产业网络是一个高度寡头垄断的市场结构，在铁路建筑领域几乎 80%以上的铁路建设工程都是由原铁路系统的中国铁道建筑总公司和中国铁路工程总公司总承包，几乎 100%的机车、车辆都是由中国北车集团和中国南车集团生产制造，几乎 100%的信息系统是由中铁信息工程集团、铁道科学研究院、全路通信信号集团公司规划、设计、开发，在铁道部科学研究计划的引领下，各个铁路企业也会结合自身实际和国内外市场的情况，制定各自的科学研究计划，并积极同企业内外、铁路行业内外、国内外的科研院所、高校和相关企业展开合作。

2. 铁路运输产品的特点及铁路产业创新的方向

(1) 铁路运输产品的特点。

铁路是整个交通运输体系的重要组成部分，其本质作用就是为人和物提供空间位移服务。所以，铁路的最终产品就是铁路运输服务，包括客运服务和货运服务。

铁路运输产品的本质特征是优质服务，作为一种生产即消费的特殊的服务产品，铁路运输产品具有不可分离、不可存储、缺乏个体差异、所有权不明确等特征。对铁路运输服务产品质量优劣的判断标准主要包括：位移速度、准确度、安全性、舒适性、经济性、便捷性、环保性等 7 个维度。铁路运输企业的技术创新主要就是围绕着四个大的方面来展开，分别是：如何提高铁路运输的服务质量（产品质量）、如何丰富铁路运输的服务种类（多种客运产品、货运产品）、如何改善铁路运输的服务手段和服务水平（窗口、车上和

地面的设施设备技术水平和服务水平)，以及如何提高铁路运输的运营管理水平等四个方面来开展。通过技术创新，为上述四大方面提供技术保障，以此增强铁路运输产品的市场竞争力，实现铁路运输企业的可持续发展。

上述特征本身就决定了铁路运输产品的创新，是方方面面的集成创新，包括技术、组织、管理等方面。其中，技术的集成创新是最重要的，是其他方面创新的前提和保障。

(2)铁路产业创新的方向。

关于铁路产业的创新方向，本书从国家规划和世界趋势两个方向来说明。

首先，从国家规划来看，国务院在2004年1月份审议通过，并在2008年调整的国家《中长期铁路网规划》，以及铁道部根据《中长期铁路网规划》最新制定的《铁路主要技术政策》(铁科技[2004] 78号)(以下简称《政策》)中有最权威的官方表述。《政策》在对我国铁路发展的总原则表述中明确提到："重视技术的综合集成，坚持系统最优和综合效益最大"，并指出"我国铁路技术发展的总目标是实现铁路现代化，依靠科技进步与创新，建立客运高速、货运重载、行车高密度协调发展，高新技术与适用技术并举，不同等级技术装备并存的具有中国铁路特点的技术体系；建设大能力、高质量、高效率、安全可靠、环保型和全面信息化的现代化铁路。"我国铁路技术发展的方向是："旅客运输高速化、快速化，货物运输重载化、快捷化，运营管理信息化，安全装备系统化，工程建设现代化，经营管理科学化"①。在2004年初，《中长期铁路网规划》正式开始实施以来，国家对铁路的投资一改以往多年"原地踏步"的局面，当年中央政府对铁路投资增幅就达到50%以上，2005年投资额就突破千亿大关(地方政府投资未算在内)(见表6—1)。

① 中华人民共和国铁道部：《铁路主要技术政策》(铁科技[2004] 78号)，2004-7-13。

表 6—1　　历年铁路基本建设投资额和中央政府对铁路基本建设投资额及比例　单位：人民币亿元

年份	铁路基本建设投资总额		中央政府对铁路基本建设投资额		
	金额	增长率	金额	增长率	占比
1998	634.40	—	490.70	—	77.35%
1999	680.24	7.23%	449.10	−8.48%	66.02%
2000	672.25	−1.17%	446.40	−0.60%	66.40%
2001	689.09	2.51%	449.10	0.60%	65.17%
2002	717.79	4.16%	576.49	28.37%	80.31%
2003	616.38	−14.13%	498.55	−13.52%	80.88%
2004	846.30	37.30%	752.73	50.98%	88.94%
2005	1 267.67	49.79%	1 121.79	49.03%	88.49%
2006	1 966.52	55.13%	1 765.45	57.38%	89.78%
2007	2 492.75	26.76%	2 239.52	26.85%	89.84%
2008	4 073.21	63.40%	3 694.82	64.98%	90.71%
2009	6 660.87	63.53%	6 059.18	63.99%	90.97%

资料来源：根据历年《中国统计年鉴》和《铁道统计公报》整理。

其次，从世界铁路发展趋势来看也是如此。通俗地讲，铁路运输不断追求的目标就是“多拉快跑”。客运高速、货运重载已成世界趋势（分别见表 6—2 和表 6—3），而这两个趋势需要复杂地质条件下的建筑技术、装备制造技术、特殊材料技术、信息通信技术、大功率供电技术、自动控制技术、空气动力技术等方方面面现代高新技术的集成。

以高速铁路为例，高速铁路系统属于复杂巨系统，涉及 6 大方面一级系统和 31 个二级系统（见图 6—6），更细致的集成分系统数量则更为庞大，仅高速列车的零部件数量就达到 10 万多个，构成独立集成的子系统的有 260 余个，生产这些零部件涉及的核心层企业 100 余家，紧密层企业达 500 余家，覆盖 20 多个省市，构成了一个规模庞大的、跨产业、跨地域的铁路产业创新子网络。

表 6—2　　世界重载铁路运输对比

国别	单列牵引重量（吨）	最大编组辆数（辆）	里程（公里）	备注
美国	12 000～20 000	108	192 900	几乎所有铁路都是重载铁路
加拿大	12 000～20 000	124	47 000	
巴西	15 000～31 000	320	1 872	
澳大利亚	8 000～28 000	226	2 062	2001 年 6 月 21 日，澳大利亚在纽曼山—海德兰铁路线上，试验开行了编组达 682 辆货车的重载列车，列车总长 7 353 米，牵引重量达 99 734吨，净载重为 82 000 吨，创造了重载列车新的试验记录
南非	20 000	160	1 428	
中国	5 000～6 000	80	8 000	2002 年之前都是客货混线，主要在六大繁忙（京广、京沪、京九、京哈、陇海和浙赣线）干线开行
	20 000～30 000	220	653（大秦）	2004 年 12 月 12 日，中国首列 2 万吨重载列车在大秦铁路运行试验取得成功（大秦铁路和朔黄铁路运煤专线，穿行于我国北部太行山脉，地质条件复杂，陡坡、弯道、桥梁、隧道众多）
		220	590（朔黄）	

注：国际铁路重载运输协会（IHHA）在 2005 年修订的重载运输定义是：重载列车牵引重量至少达到8 000吨，在至少 150 公里区段上年运量超4 000万吨，并且要持续运营。

资料来源：本书作者搜集整理。

表 6—3　世界各国和地区已投入运营高速铁路概况

序号	国家（地区）	里程（公里）	最高运营速度（公里/小时）	备注
1	日本	2 779	300	计划 2020 年高速铁路营业里程到 7 000 公里
2	法国	1 914	320	欧盟计划 2020 年高速铁路营业里程达 16 000 公里
3	德国	1 020	330	
4	西班牙	1 518	300	
5	意大利	766	300	
6	比利时	176	300	
7	韩国	426	300	
8	中国台湾	345	300	
9	英国	109	300	
10	比利时/荷兰	120	300	
11	法国/英国	52	320	
12	丹麦/瑞典	33	200	
13	中国	0	0	2004 年之前，经过 2001 年第四次大提速，已有 13 000 公里基础较好的既有线时速达到 160 公里/小时，其余 57 000 公里仍低于 160 公里/小时，其中不少线路时速仍低于 100 公里/小时。
	中国	8 373	300	本数据截止 2011 年 7 月。 2008 年 8 月 1 日京津城际开通，最高运营时速达 350 公里/小时，据世界第一，紧随其后开通的武广、郑西高铁的最高运营时速也达 350 公里/小时，2011 年 7 月 1 日京沪高铁开通，铁道部宣布将高铁运营初期的最高时速暂时限制在 300 公里/小时及以下。 中国计划 2020 年高速铁路营业里程达 18 000 公里。

注：国际铁路联合会（UIC）提出的高速铁路的定义是：最高速度至少应达到 250 公里/小时的专线，或最高速度达到 200 公里/小时的既有线，才称得上高速铁路。

资料来源：本书作者搜集整理。

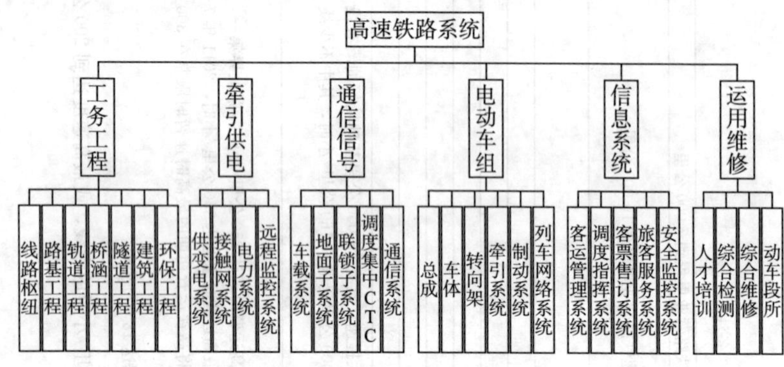

图6—6 高速铁路系统构成

资料来源：何华武：《创新的中国高速铁路技术》，载《中国工程科学》，2007，9（9）。

中国的高速铁路和重载运输仅用短短数年时间就达到或超越了欧、美、日等发达国家通过几十年努力才达到的技术水平，综合对比这几年中国铁路投资的增长速度以及中国政府投资在总投资中所占的比例，可以看出中国铁路技术水平的飞速发展，与中国政府在其中的主导作用和大规模投入是分不开的。

此外，中国铁路装备技术水平能够短时间内迅速提高，除了既有的知识储备和技术积累以及充分发挥后发优势之外，也主要得益于政府的主导作用，得益于政府的保护和扶持。首先，在铁道部的主导下统一对外谈判引进技术，避免国内企业被世界铁路装备企业巨头各个击破，保护了国内铁路装备企业避免受到跨国企业巨头的冲击，并成功做到了低价得到真正的技术和以市场换来真正的技术。然后，政府从供给和需求两方面着手，对中国铁路装备产业进行扶持，一是要求国外企业必须与国内企业联合投标，二是政府加大投资和采购力度。同时，铁道部、科技部等国家部委牵头协调企业、高校、科研院所联合攻关，保证了企业竞争力的迅速提高，创新能力迅速加强，企业的集成创新模式已由外生牵引转为内生驱动。目前，中国铁路产业内的骨干企业已经得到了来自国外包括欧

美等发达国家和地区的大量订单，中国铁路企业实力迅速提高之后依靠自己的力量开拓国外市场，已经取得累累硕果。

从上面对铁路产业的科研管理体系、铁路运输产品的特点及铁路产业创新的方向两部分的分析，对照前面第 3 章的理论框架，可以得出结论：中国铁路产业网络的治理结构类型是典型的政府主导的“他组织型”，其创新模式主要以政府主导下的外生牵引型集成创新模式为主，铁路建筑、机车车辆制造、铁路信息与控制系统等领域的特大型寡头企业是中国铁路产业网络的集成创新主体。

6.2　对铁路产业网络集成创新绩效和政府作用的评价

6.2.1　引言

近几年来，随着国家对交通运输等基础设施的投资力度不断加大，铁道部为适应经济社会发展的需要，在深入挖掘潜力的基础上，围绕着国民经济发展需要和铁路跨越式发展对铁路科技工作的要求，从铁路运输生产实际出发，不断加大了对科学技术的投入力度，着力快速提升铁路产业的技术创新能力。铁路产业网络内的各个行为主体以“高速、重载、信息化、安全控制技术”这世界铁路的四大技术创新方向作为主攻目标，积极组织各种资源，或联合或独立地开展科技攻关和技术创新，成功实现了一系列技术上的新突破。中国在重载铁路运输和高速铁路领域取得了令世界惊叹的成就。我国铁路运输企业的竞争力不断增强，铁路运输收入逐年稳步提高；铁路产业网络内各大企业的主营业务收入稳步攀升，在海外市场也取得了不俗的业绩；整个中国铁路产业网络的专利申请数量也迅速攀升，并位列世界第一。

但是，在目前中国铁路产业网络中，技术创新、资本投入、劳动力投入、政府作用究竟哪种因素对整个产业绩效提升的带动作用最大？本节将采用索罗余值法对此进行量化分析。

由于铁路产业网络内居于高度寡头垄断地位的四大企业：中国北车集团、中国南车集团、中国铁路工程总公司（中国中铁）、中国铁道建设总公司（中国铁建）都是在2000年与铁道部脱钩移交中共中央企业工作委员会（简称“中央企业工委”）管理，2003年国务院国有资产监督管理委员会（国务院国资委）成立后，划归国务院国资委管理，从2007年开始才陆续在A股和H股上市，所以能够得到的企业历年准确的数据样本非常少，不适合用计量经济学回归分析的方法来求解参数，所以本书将采灰色系统理论的灰色关联分析法来克服小样本带来的问题。关于用索罗余值配合灰色关联分析方法来分析技术创新、资本投入、劳动力投入、政府作用等各因素，对产业绩效提升的作用的分析思路、模型及求解步骤在3.4.2小节和3.4.3小节已有详细介绍，本节不再赘述，限于篇幅，对原始数据的处理过程也不再列出。

6.2.2 技术创新和政府作用对铁路产业收入增长的影响测度

1. 将铁路产业主要的非运输企业[①]和运输企业各指标项分别合并计算分析

铁路产业网络是一个高度寡头垄断的市场结构，在铁路建筑领域几乎90%以上的铁路建设工程都是由原铁路系统的中国铁道建筑总公司（简称“中国铁建”）、中国铁路工程总公司（简称“中国中铁”）和中铁二局集团（简称“中铁二局”）以及原铁路系统之外的中国交通建设集团（简称“中交股份”）总承包，几乎100%的机车、车辆都是由中国北车集团和中国南车集团生产制造。根据铁路产业网络33家上市公司的数据[②]大致测算，上述六家核

① 这里的非铁路运输企业主要是指装备制造企业和铁路建筑、电气化工程等铁路产业的主要企业，以下同此说明。

② 数据来源：新浪财经 http：//finance. sina. com. cn/stock/focus/tdb/，以及各公司年报。

心寡头企业不论从企业规模、营业收入、固定资产[①]、员工人数都占到铁路产业所有企业（不属铁道部管辖）上述指标之和的 90%以上；因此选取上述六家企业的营业收入、固定资产、员工人数以及中国铁路运输业的运输收入、固定资产、员工人数之和，几乎就约等于整个铁路产业的这些指标。鉴于此，本书选取 2005—2010 年，中国铁路 6 年间的铁路产业网络内六家企业和铁路运输业的收入、固定资产、员工人数的基本数据，并将其合计结果近似作为整个铁路产业的资本、劳动投入和产出的数据，见表 6—4。

表 6—4　铁路产业网络主要企业及其合计投入产出数据以及铁路运输业投入产出数据（2005—2010 年）

营业收入、固定资产（单位：亿元），员工数（单位：万人）

年份	中国中铁			中国铁建		
	营业收入	固定资产	员工数	营业收入	固定资产	员工数
2005	1 157.98	132.53	27.72	1 141.25	108.32	17.71
2006	1 595.18	144.32	27.65	1 584.88	136.02	18.33
2007	1 805.07	169.20	26.66	1 774.87	146.62	18.10
2008	2 346.19	199.85	26.72	2 261.41	196.89	19.05
2009	3 463.68	256.34	27.62	3 555.21	278.69	20.91
2010	4 731.22	310.15	28.51	4 701.59	351.72	22.91
年份	中铁二局（最早独立上市公司）			中交股份		
	营业收入	固定资产	员工数	营业收入	固定资产	员工数
2005	84.56	9.66	1.72	832.65	156.16	6.70
2006	133.44	10.25	1.48	1 154.78	195.20	7.83
2007	180.68	14.29	1.70	1 512.60	261.29	8.70
2008	234.64	15.54	1.75	1 801.11	372.05	9.30

① 指财务报表上的“固定资产原值”，以下同此说明．

续前表

年份	中铁二局（最早独立上市公司）			中交股份		
	营业收入	固定资产	员工数	营业收入	固定资产	员工数
2009	406.19	17.58	1.84	2 281.24	473.24	10.05
2010	546.88	23.51	1.93	2 734.17	524.38	10.10
年份	中国南车			中国北车		
	营业收入	固定资产	员工数	营业收入	固定资产	员工数
2005	197.85	47.42	7.75	184.37	44.76	7.60
2006	235.47	51.63	7.85	219.43	48.73	7.71
2007	274.01	62.98	7.96	255.34	59.44	7.81
2008	357.68	62.59	8.05	347.11	81.09	7.90
2009	463.93	108.47	8.24	405.16	93.35	7.99
2010	649.09	146.97	8.28	621.84	118.05	8.23
年份	上述六大企业合计			铁路运输业		
	总营业收入	总固定资产	员工总数	运输收入	固定资产	员工数
2005	3 598.66	498.85	69.2	3 045.00	9 294.20	166.60
2006	4 923.18	586.15	70.85	3 530.60	10 554.40	165.20
2007	5 802.57	713.82	70.93	3 964.20	11 559.10	174.10
2008	7 348.14	928.01	72.77	5 363.26	12 347.00	173.30
2009	10 575.41	1 227.67	76.65	5 499.00	19 360.21	185.00
2010	13 984.79	1 474.78	79.96	6 026.90	27 786.73	211.36

资料来源：作者根据中国铁路产业上市企业年报及铁道部统计公报、全国铁路主要指标完成情况整理。

因为中国国家铁路由铁道部直属的18个铁路局（集团、公司）及专业运输公司等铁路运输企业直接经营，通过表6—1也可以看到，铁路运输的固定资产接近90%左右都是由铁道部代表中央政府进行投资，所以通过测算铁路运输业的固定资产（政府

投资）增长率对整个铁路产业收入增长率的贡献率，可以看出政府作用对整个铁路产业绩效的带动作用，同时可以通过索罗余值法，计算出整个铁路产业的技术创新对铁路产业绩效的影响程度。

对表 6—4 中“上述六大企业合计”和“铁路运输业”收入和员工数指标进行合计，将“上述六大企业合计－总固定资产”作为“铁路产业非政府资本投入”，将“铁路运输业－固定资产”作为“铁路产业政府投资”，按照 3.4.3 小节的弹性系数的灰色关联分析法第 1 步至第 5 步进行测算，可得铁路产业总产出[①]、非政府资本投入、政府投资、劳动力投入等因素的基本数据、初值像、差序列、关联系数、关联度，见表 6—5。

图 6—7 分离出表 6—5 中的基本数据变化趋势做直观展示。从图 6—7 可以看出，2005—2010 年间各年的铁路产业总产出、铁路产业政府投资上升速度较快，并呈现出明显的正相关性，可见铁路产业政府投资对铁路产业总产出增长的重要作用。铁路产业政府投资在 2008 年有个明显的突变，增长速度明显加快，相应的铁路产业从业人员数的增长速度也变快了，由此可见政府投资的增加对就业的带动作用相当明显。6 年间铁路产业非政府资本投入略微上升，但相对保持平稳，变化不大。

根据表 6—5 中已经得出的关联系数的平均值即关联度数据和 3.4.3 小节的“假设 4”，并通过 3.4.3 小节的弹性系数的灰色关联分析法第 6 步的计算方法，可得 $\alpha=0.40$，$\theta=0.34$，$\beta=0.25$。

再根据 3.4.3 小节的式（3—1）至式（3—5），可以分别求出铁路产业技术创新、非政府资本投入、政府投资、劳动力投入等因素对铁路产业总产出增长率的贡献度，见表 6—6。

---

① 这里的铁路产业总产出，实际上仅是指这个产业的直接总产出，并没有考虑到铁路投资对其他众多产业的带动作用，以及铁路网对区域经济的拉动作用等正的外部性因素。

表 6—5　我国铁路产业总产出以及资本和劳动力投入的原始数据和数据处理中间值（2005—2010 年）

	铁路产业总产出		铁路产业非政府资本投入				铁路产业政府投资				铁路产业劳动力投入			
年份	基本数据（亿元）	初值像	基本数据（亿元）	初值像	差序列	关联系数	基本数据（亿元）	初值像	差序列	关联系数	基本数据（万人）	初值像	差序列	关联系数
2005	6 643.66	1.00	498.85	1.00	0.00	0.95	9 294.20	1.00	0.00	0.95	235.79	1.00	0.00	0.95
2006	8 453.78	1.27	586.15	1.17	0.10	0.86	10 554.40	1.14	0.14	0.83	236.05	1.00	0.27	0.73
2007	9 766.77	1.47	713.82	1.43	0.04	0.91	11 559.10	1.24	0.23	0.76	245.03	1.04	0.43	0.64
2008	12 711.40	1.91	928.02	1.86	0.05	0.90	12 347.00	1.33	0.58	0.57	246.07	1.04	0.87	0.48
2009	16 074.41	2.42	1 227.68	2.46	−0.04	1.00	19 360.21	2.08	0.34	0.69	261.65	1.11	1.31	0.39
2010	20 011.69	3.01	1 474.79	2.96	0.06	0.90	27 786.73	2.99	0.02	0.93	291.32	1.24	1.78	0.32
平均值						0.92				0.79				0.59

资料来源：根据各年《中国统计年鉴》整理。

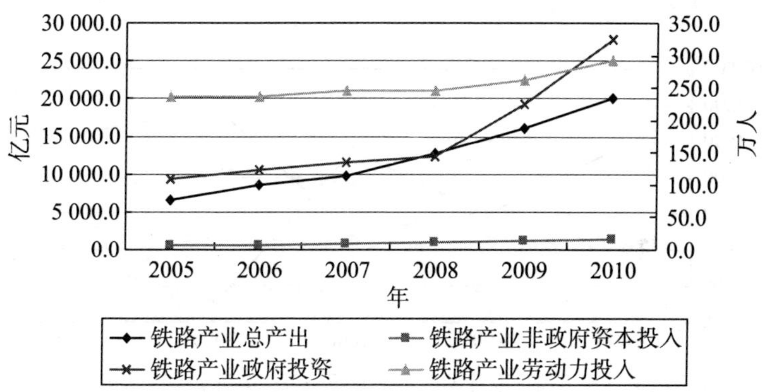

图 6—7 我国铁路产业总产出以及资本和劳动力投入变化趋势图（2005—2010 年）

表 6—6 我国铁路产业相关指标对铁路总产出增长的贡献率（2006—2010 年）

年份	铁路产业总产出增长率	技术进步对产出增长贡献率	非政府资本投入对产出增长贡献率	政府投资对产出增长贡献率	劳动力投入对产出增长贡献率
2006	27.25%	58.21%	23.76%	17.92%	0.11%
2007	15.53%	19.44%	51.89%	22.06%	6.61%
2008	30.15%	54.65%	36.83%	8.14%	0.38%
2009	26.46%	−28.91%	45.16%	77.29%	6.46%
2010	24.49%	−6.88%	30.41%	63.97%	12.50%

从图 6—8 可以直观地看出，从 2006 年到 2010 年，政府投资对铁路产业总产出增长的贡献率上升速度很快，这与实际是相符的；非政府资本投入和劳动力投入等因素对铁路产业总产出的贡献率处于比较平稳的态势，并且与政府投资的波动情况一致，可见政

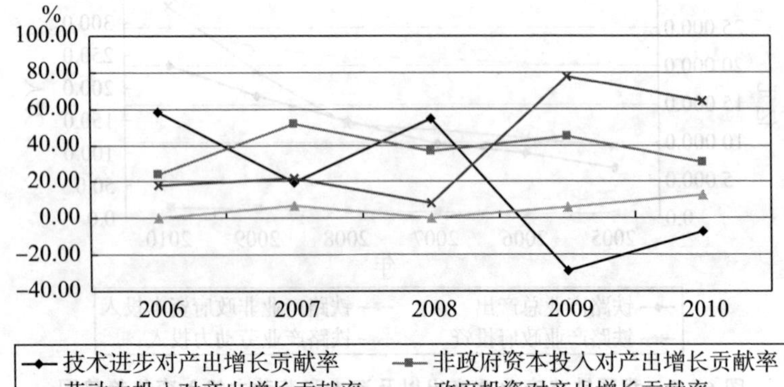

图 6—8　我国铁路产业相关指标对铁路总产出增长的贡献率

（2006—2010 年）

府投资对带动铁路产业就业和相关投资的作用非常明显；但是，从图 6—8 也很明显地注意到，技术进步对铁路产业总产出增长的贡献率在总体上有下降的趋势，这似乎与实际情况不符。因为 2004 年中国铁路《中长期铁路网规划》开始颁布实施以来，铁路产业的技术进步有目共睹。包括重载运输、高速铁路等代表铁路先进技术水平的各项技术和经济指标均跃居世界前列，特别是高速铁路的大规模投入运营取得了运营时速、路网规模等一连串的世界第一，使中国铁路各大企业走出国门，甚至在欧美发达国家的铁路和城市轨道交通市场都屡有斩获。若不是因为中国在高速铁路领域取得的巨大成就和技术进步，也难以吸引 2010 年第七届世界高速铁路大会[①]第一次破天荒地在欧洲之外的国家召开。那么是什么原因造成了

① 2010 年 12 月，第七届世界高速铁路大会在北京国家会议中心召开，笔者亲临现场，亲自感受到了国外铁路同行对中国铁路取得巨大成就的艳羡，也感受到了国外政府和厂商对中国铁路高端装备产品、建筑工程技术产品、信息通信及自动控制等产品的高度关注。

图 6—8中显示的技术进步对铁路产业总产出增长的贡献率在总体上呈现下降的趋势呢。细细分析可能有如下原因造成：

原因之一：资本作用的放大，以及铁路建设的长周期性导致的技术创新作用发挥的滞后性。因为这里模型计算中使用的固定资产未必都是当期能够对铁路产业总产出发挥作用的有效资产，最重要的是政府对铁路产业的投资，有些还是新建线路，虽然完成了部分投资，但还未完全投入运营，这部分投资也被计算在内了；所以，技术进步、科技创新等因素还沉淀在这些未投入运营的线路和装备中，没有在投资当期产生运输收入。

原因之二：这里的技术进步是希克斯中性的技术进步，没有考虑到技术通常是依附在资本和劳动力的投入上对产出发生影响的因素，其实当期资本和劳动力投入对铁路产业产出增长的贡献中不少是因为技术进步而提高了资本的利用效率和劳动生产率，所以这里技术进步对产出增长的贡献率也被低估了。

原因之三：铁路公益性和运价管制，造成铁路技术进步的运输市场收益没有完全体现。从图 6—7 可以看出，铁路产业政府投资额远远高于非政府投资额，而完全由铁道部直接负责运营的铁路运输业由于是具有普遍服务的公益性质，国家对其运价等运输服务价格实施严格管制，尤其在一些春运长假等我国特有的人口流动高峰期，需求严重大于供给的时候，铁路部门不但不能涨运价，有时反而要降运价，还要停货运保客运，做到普遍服务，保障广大旅客出行，所以铁路运输业运价等运输服务价格与理论上的市场定价相比是偏低的。

原因之四：这里的铁路产业总产出是指这个产业的直接总产出，而由铁路产业的技术创新和技术进步所带来的正的经济外部性并未被计算在内，这也是铁路产业技术创新对铁路产业总产出增长贡献率被低估的原因之一。

综合上述原因，我们考虑到若将政府的直接投资、铁路运输业收入、铁路运输业从业人数等政府直接起作用的因素分离出来，仅保留市场性比较强的企业的产出、技术进步、资本投入、劳动力投入等因素的汇总数据，再按照3.4.3小节的模型进行测算，可能就会使测算结果与实际情况比较相符。下面我们将照此思路进行分析。

2. 按铁路产业主要的非运输企业各项指标计算分析

将政府的直接投资、铁路运输业收入、铁路运输业从业人数等政府直接起作用的因素分离出来以后，按照3.4.3小节的弹性系数的灰色关联分析法第1步至第5步进行测算，可得铁路产业非运输企业的总产出、非政府资本投入、劳动力投入等因素的基本数据、初值像、差序列、关联系数、关联度，见表6—7。

图6—9分离出表6—7中的基本数据变化趋势做直观展示。从图6—9可以看出，2005—2010年间各年的铁路产业非运输企业总产出和劳动力投入上升速度较快，同时呈现出明显的正相关性。相对非运输企业的总产出来讲，非政府资本投入缓慢上升，涨幅不大，可见非铁路运输企业的总产出增长源泉并非来自于固定资产的增长。

根据表6—7中已经得出的关联系数的平均值即关联度数据和3.4.3小节的“假设4”，并通过3.4.3小节的弹性系数的灰色关联分析法第6步的计算方法，可得$\alpha=0.56$，$\beta=0.44$。

再根据3.4.3小节的式（3—1）至式（3—5），可以分别求出铁路产业非运输企业的技术创新、非政府资本投入（即非运输企业总资产）、劳动力投入等因素对非运输企业总产出增长率的贡献度，如表6—8所示。

表 6—7　我国铁路产业非运输企业总产出、资本、劳动力投入等原始数据和数据处理中间值（2005—2010 年）

年份	铁路产业非运输企业总产出		铁路产业非政府资本投入（非运输企业总资产）				铁路产业非运输企业劳动力投入			
	基本数据（亿元）	初值像	基本数据（亿元）	初值像	差序列	关联系数	基本数据（万人）	初值像	差序列	关联系数
2005	3 598.7	1.00	498.85	1.00	0.00	1.00	69.2	1.00	0.00	1.00
2006	4 923.2	1.37	586.15	1.17	0.19	0.88	70.9	1.02	0.34	0.80
2007	5 802.6	1.61	713.82	1.43	0.18	0.88	70.9	1.03	0.59	0.70
2008	7 348.1	2.04	928.02	1.86	0.18	0.88	72.8	1.05	0.99	0.58
2009	10 575.4	2.94	1 227.68	2.46	0.48	0.74	76.6	1.11	1.83	0.43
2010	13 984.8	3.89	1 474.79	2.96	0.93	0.59	80.0	1.16	2.73	0.33
平均值						0.83				0.64

数据来源：根据《2005 年—2010 年中国统计年鉴》整理

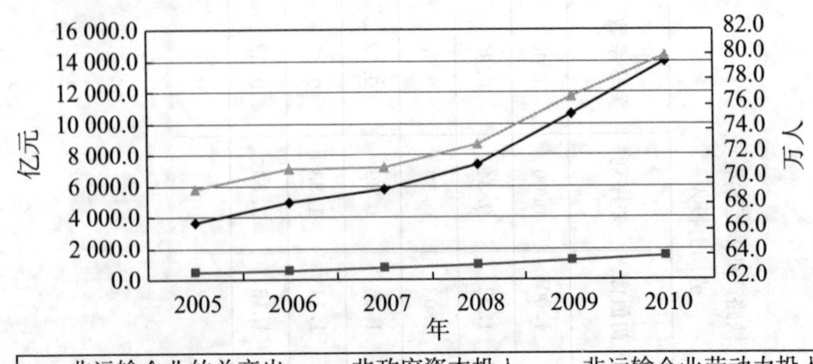

图 6—9　我国铁路产业非运输企业总产出及资本和劳动力投入变化趋势图（2005—2010 年）

表 6—8　我国铁路产业非运输企业相关指标对非运输企业总产出增长的贡献率（2006—2010 年）

年份	铁路产业非运输企业总产出增长率	非运输企业技术进步对产出增长贡献率	非政府资本投入（即非运输企业总资产）对产出增长贡献率	非运输企业劳动力投入对产出增长贡献率
2006	36.81%	70.51%	26.62%	2.87%
2007	17.86%	31.45%	68.29%	0.26%
2008	26.64%	32.62%	63.09%	4.30%
2009	43.92%	53.50%	41.17%	5.33%
2010	32.24%	59.14%	34.96%	5.90%

从图 6—10 可以直观地看出，从 2006 年到 2010 年间，对于非铁路运输企业来讲，技术进步对产出增长的贡献率总体上逐年上升，而且涨幅较大；劳动力投入对产出增长的贡献率也在逐年上升，只是涨幅不大；非政府资本投入也就是企业的总资产对产出增长的贡献率是在逐年下降的。其实如果考虑到技术通常是依附在资本和劳

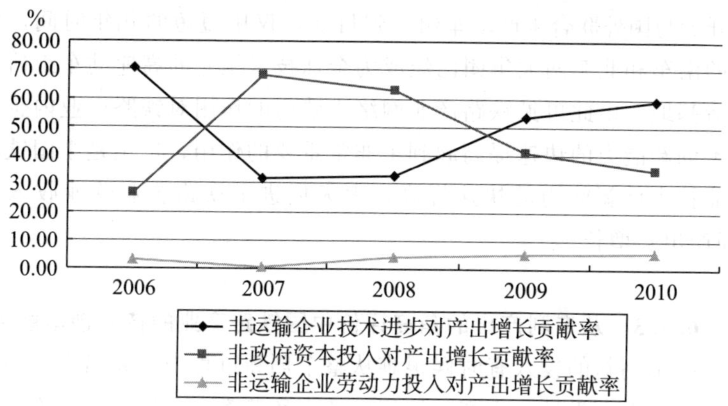

图 6—10　我国铁路非运输企业相关指标对非运输企业总产出增长贡献率（2006—2010 年）

动力的投入上对产出发生影响的因素，则实际上技术进步对产出增长率的贡献率应该更高。实际情况似乎也是这样的，中国铁路产业的重要骨干企业的技术创新能力、市场竞争能力、盈利能力都已经大大加强。以这几年对人们日常出行、区域经济发展和交通产业竞争格局影响最为深刻的高速铁路为例，中国的高速铁路成套集成技术水平已经跃居世界前列，产品已出口至包括美国、英国、澳大利亚等发达国家在内的 50 多个国家和地区，中国中铁、中国铁建等工程建筑企业已经跃居世界 500 强之列。正是由于铁道部将国内庞大的铁路市场和众多铁路企业凝聚到一起，没有内部恶性竞争，统一对外谈判，才能够从西门子、阿尔斯通、庞巴迪、川崎重工等世界高速铁路企业巨头低价引进技术和生产线，避免了国内企业分散谈判的力量薄弱以及容易被各个击破的危险，同时也保障了能引进真正的技术，避免了诸如国内汽车等行业出现的“割让了市场，也没有得到真正技术”的尴尬局面；然后国家通过政府采购、科研投入等方式组织企业、高校和科研机构联合攻关，从供给和需求两方面对企业的技术创新加大保护和扶持力度，保证了企业能够在引进的基础上快速消化吸收和再创新，形成自主创新能力。我国从 2005 年才开始与国外联合生产动车组。到目前，仅用短短的几年时间，中国的南车和北车两大集团已经成为全球技术领先的高速动车组研发制造基地。由此可见铁路产业网络中政府的作用对铁路产业内企业技术创新能力的快速提高起到了非常重要的作用，也正是中国铁路企业技术创新能力的快速提高，大大促进了铁路企业营业收入的（即产出）增长。

6.2.3 从专利产出的角度评价中国铁路产业的技术创新能力

技术创新的投入有时候很难从整个创新过程中分离出来，因为在产品研发、设计、生产、销售的各个环节都会产生创新，不仅仅有研发的创新，还有工具的创新、工艺的创新、流程的创新，等等，而这些环节的创新都有申请专利的可能。所以，本书将从时间的维度纵向比较铁路产业专利的产出水平和从国别的角度横向比较铁路产业的专利产出水平，从专利产出的角度对中国铁路产业的技术创新能力进行比较评价。

首先，本书结合时间维度和国别维度考察一下中国铁路产业网络近年来专利产出以及和世界铁路技术发达国家的对比情况。见表6—9和图6—11。

表6—9　　中国和世界铁路技术发达国家专利产出情况（1995—2011年）

国别 年份	中国	日本	德国	法国	加拿大	美国
1995	169	659	435	50	98	241
1996	141	678	416	53	103	214
1997	118	623	405	51	85	213
1998	154	672	436	48	114	240
1999	213	624	394	58	102	190
2000	263	561	361	43	153	226

续前表

国别 年份	中国	日本	德国	法国	加拿大	美国
2001	318	653	282	31	136	235
2002	304	552	213	34	93	282
2003	409	515	167	28	97	261
2004	416	530	135	37	94	312
2005	429	451	167	24	90	303
2006	458	172	172	35	72	262
2007	694	111	166	41	80	213
2008	883	276	174	51	102	218
2009	1 348	23	78	11	41	105
2010	1 789	2	13	0	7	34
2011	2 058	0	0	0	0	0
合计	10 164	7 102	4 014	595	1 467	3 549

注：1. 按照专利主分类号 B61%和专利公开年统计，专利数据是发明专利和实用新型专利的合计。以下同。

2. 专利分类号是国际上通用的专利文献分类法，分类号 B61%是指和铁路有关的专利。

资料来源：根据国家知识产权局数据整理。

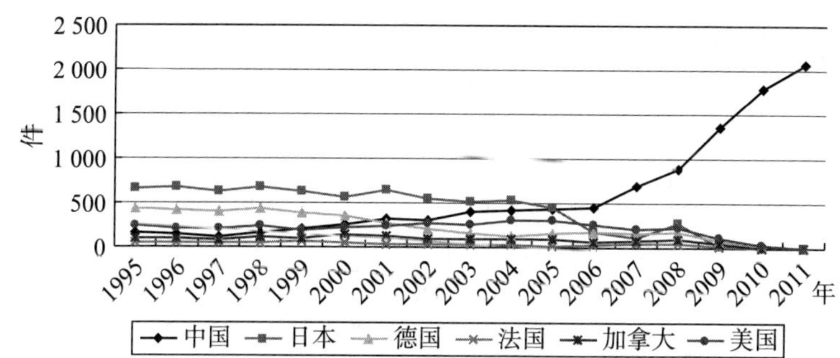

图 6—11 中国和世界铁路技术发达国家专利产出情况对比图 (1995—2011 年)

资料来源：根据国家知识产权局数据整理。

从图 6—11 可以看出，从 1995 年以来，中国在铁路技术领域的专利申请量逐年递增，但是在 2000 年之前，中国在铁路技术领域的专利申请量还比较落后，在上述铁路技术发达国家中位列倒数第二。从 2001 年开始，中国在铁路技术领域的专利申请量开始逐渐超越德国，位列世界第二；在 2004 年初中国《中长期铁路网规划》颁布实施以后，中国政府开始对铁路建设进行了大规模的投入，中国掀起了新一轮铁路投资和建设的高潮。从 2005 年开始中国在铁路技术领域的专利申请量开始逐渐超越了铁路技术领域的专利第一大国日本，位列世界第一。在 2005—2011 年期间，中国在铁路技术领域的专利申请量大幅上扬，年均增长率在 25%以上。可见，从专利增长量和排名的角度来看，正是由于政府的主导作用，促进了中国铁路自主创新能力在短时间内得到了非常大幅度的提升。那么中国铁路产业的专利增长速度这么快，增长量这么多，其主要是来源于哪里呢？也就是说主要是由中国铁路产业网络中的哪些行为主体贡献的？如下，我们再从世界铁路技术领域主要竞争机构的专利申请量排名数据中寻找答案，见表 6—10 和图 6—12。

表 6—10　世界铁路技术领域主要竞争机构的专利申请量 TOP10（2005—2011 年）

排名	申请人		专利所属国家	专利件数
1	中国南车集团	青岛四方机车车辆股份有限公司	CN［242］	679
		株洲电力机车有限公司	CN［136］	
		长江车辆有限公司	CN［120］	
		二七车辆有限公司	CN［100］	
		南京浦镇车辆有限公司	CN［81］	
2	中国北车集团	长春轨道客车股份有限公司	CN［168］	477
		齐齐哈尔轨道交通装备有限责任公司	CN［108］	
		唐山轨道客车有限责任公司	CN［71］	
		青岛四方车辆研究所有限公司	CN［67］	
		大连机车车辆有限公司	CN［63］	

续前表

排名	申请人	专利所属国家	专利件数
3	德国西门子	US [7]	358
		CA [9]	
		DE [342]	
4	美国通用电气公司	US [31]	182
		CA [59]	
		DE [11]	
		CN [81]	
5	日本日立	US [2]	166
		JP [164]	
6	加拿大庞巴迪	DE [119]	141
		CA [13]	
		US [9]	
7	日本铁道综合技术研究所（隶属原日本国铁）	JP [113]	113
8	中国铁道部运输局	CN [102]	102
9	法国阿尔斯通	FR [59]	99
		CA [15]	
		US [14]	
10	日本三菱重工	JP [80]	81
		US [1]	

注：1. 专利所属国家简称：CN 中国、US 美国、CA 加拿大、DE 德国、JP 日本、FR 法国。

2. 上述数据是把专利排名前 30 位的企业或机构按照所属集团公司合并后计算出前 10 名，排名在后 30 位的企业有些也是上述 10 家企业集团或组织机构的成员单位，因专利数量相对较少对上述排名没有影响，所以未再计算在内。

从表 6—10 和图 6—12 可以明显地看出，2005—2011 年间，中国主要铁路企业在世界铁路技术领域的专利申请量已遥遥领先。也就是说，中国主要铁路企业的技术创新能力和竞争力已显著提

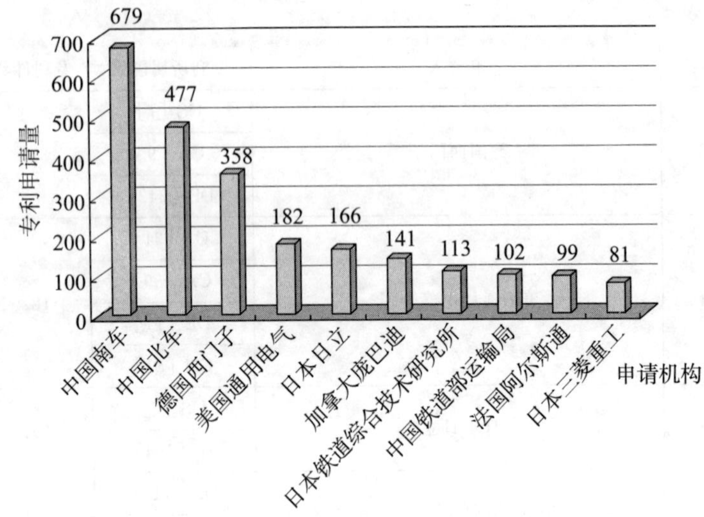

图 6—12　世界铁路技术领域主要竞争机构的专利申请量 TOP10 (2005—2011 年)

资料来源：根据国家知识产权局数据整理。

高，并当之无愧地成为中国铁路产业网络中的创新主体。但是从表 6—10“专利所属国家”中也同时看出，中国铁路企业的国际化还不够，虽然走出国门的步伐在加快，但还不是真正意义上的跨国公司。虽然现在世界最大的铁路市场在中国，但是若要保持企业的持久竞争力，除了持续不断地提高创新能力之外，全球化整合资源的能力也必不可少，这应该引起中国铁路企业的重视。

6.3　实证分析的结论

通过本章对我国铁路产业网络集成创新的案例分析可以看出，我国的铁路产业网络是由以铁路企业为主的核心层，以铁道部、铁路行业高校和科研院所为主的辅助层，以铁路行业原有的人际关

系、业务联系、行业文化形成的外围层，所构成的三层网络结构。铁路企业尤其是非铁路运输企业是铁路产业网络的创新主体。铁道部因为兼具行业监管和直接管理运营庞大的铁路运输企业这种政企不分的性质，所以其实是跨越着核心层和辅助层，并在铁路产业网络中居于主导地位，直接影响着铁路产业的创新行为。原有铁路系统的高等院校、科研院所是铁路产业网络新知识、新思想、新技术供给的源泉。由于铁路的公益性、投资规模的巨大和较长的投资回收期使得私人资本很少问津，从而国家开发银行、国有商业银行等国有金融机构成为最近几年铁路行业大规模投资的主要融资来源渠道。

中国铁路产业网络的治理结构是典型的政府主导式的治理结构，其集成创新模式是典型的政府主导下的外生牵引型集成创新模式。而随着产业和企业的成熟，政府的作用也正在由主导向引导转变，集成创新模式也逐渐由外生牵引型向内生驱动型过渡。在 2004 年以前，中国铁路企业的创新水平和竞争力还普遍较弱。正是在政府的主导下，以社会需求和国家战略为导向，以广阔的国内市场为依托，通过政府主导下的投资、技术引进、消化、吸收和再创新，以原铁路系统的装备制造、工程建筑、信息通信、自动控制等专业骨干企业为核心节点，带动铁路产业网络内外的众多上下游企业、竞争与互补企业、高校和科研院所广泛开展各个层次的集成创新；并在铁道部的主导下由各专业骨干企业进行最终的综合集成，使得具有世界领先水平的高速铁路网络、重载铁路网络在国内日益扩大。正是由于从国内巨大的市场中得到了积累和锻炼，正是得益于政府的大力扶持，中国铁路企业的自主创新能力已经显著提高，市场竞争力已经明显增强。突破了成长瓶颈并逐渐成熟起来的中国铁路企业已经开始与国际跨国公司在国际舞台上同台竞技，在包括发达国家在内的国际市场上收获颇丰，国际市场份额逐年扩大。中国铁路企业的集成创新模式已经开始由外生牵引型向内生驱动型的主动创新转变，中国铁路企业不断攀升的专利申请量就是明证。

正是由于以铁道部为代表的这种政府主导的外生牵引型集成创新模式，降低了铁路产业网络内行为主体之间进行集成创新活动时的交易成本，加快了先进技术的开发、引进、改进和扩散，加快了中国铁路产业的技术进步和产业升级，迅速缩小了与发达国家和先进企业的差距，充分发挥了后发优势并成功实现了快速赶超。

然而，大规模的政府投资是不可能长时间持续的，依赖政府主导的外生牵引型创新也是不可持续的创新。长期的政府主导，也会丧失创新的效率，降低创新的活跃度。随着铁路产业网络的技术进步，铁路企业创新能力和竞争实力的增强，政府的作用就应该渐渐由主导变为引导，由引导变为补充，由保护和扶持变为协调与规制。铁路产业的集成创新模式也相应地要由外生牵引型向内生驱动型转变。让市场收益和竞争压力激发企业内在创新的动力，从而使铁路企业更加成熟，使企业治理更加规范和完善，以铁路企业为主导带动整个铁路产业的可持续创新。

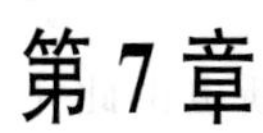

第7章 总结与展望

本章主要就全书的研究结论做一简单的总结，并梳理出研究工作的主要创新点，同时结合本书研究未及之处，指出可进一步研究的方向。

7.1 总结与主要观点

产业网络作为一种有效的创新组织形式已经广泛出现在各个产业，并突破了区域和国界的范围，而覆盖至全世界。技术的飞速发展使创新成果更加丰富的同时，也为信息、知识、技术、产品等的交流和创新主体间的互动创造了便利的条件，加速了知识传播与技术扩散。创新更是可以不用事事从头再来，而是可以通过引进、消化、吸收产业网络内外的既有资源和创新成果进行集成、融合、增量创新和再创新，从而不断取得新的突破，降低创新的

风险和成本，提高创新的水平和效率，集成创新也由此作为一种有效的创新模式而被广为采用。这也为后发国家充分发挥后发优势，快速提升产业竞争力、增强综合国力提供了有益的思路。正是由于产业创新对于国家和区域的经济发展、产业安全、社会福利等诸多方面非常重要，所以各国和各地区政府历来对创新非常重视，在创新资源投入、创新环境营造和创新方向引导上都发挥着重要作用，并且都会对重点产业、支柱产业、战略产业的创新进行保护和扶持。学者们也从不同的角度对此进行了大量研究。

正是循着前人研究的足迹，结合对现实情况的深入观察，作者选定了本书的题目——《产业网络集成创新与政府作用的研究》，并完成了全书写作。这本书以研究产业网络的有机构成、治理结构、集成创新模式为切入点，有重点地选择产业网络内主要行为主体的主要行为进行了深入研究，得出了如下主要结论：

第一，产业网络中各个行为主体不同的地位和作用、不同的资源和约束，行为主体间不同的链接关系，是导致产业网络的异构性和多元化的主要原因。基础条件和制度环境、产业网络所处的发展阶段以及网络核心层是否受外界干预等因素，对产业网络的治理结构的形成具有重要影响。产业网络不同的治理结构类型以及企业进行集成创新的不同动因形成了不同的集成创新模式。

第二，并没有哪种最优的治理结构和集成创新模式，只有适合与不适合。应该针对不同类型的产业网络采用不同的治理结构和不同的集成创新模式，并且要根据产业发展的不同阶段、外部环境的变化以及实际的效果进行动态调整。治理结构、集成创新模式（行为）、创新绩效三者之间不是单向的决定关系，而是双向和多向的互动关系。

第三，企业作为产业网络的创新主体，在集成创新中通常会面临主动创新、等待模仿和合作创新等选择。本书通过演化博弈分析得出结论：企业尤其是中小企业在技术创新中，如果能够认清自身的优势，通过改革提高自身的竞争能力，提高收益与成本之比，或

者通过合作降低创新成本，同时尽可能多地利用有利的环境条件，完全有理由选择主动创新而不是等待。理论分析的结果也证明，厂商在各自独立创新与合作创新的策略选择中会选择后者，但是由于合作企业之间都会面临投机者打破均衡，破坏合作的风险，所以合作是不稳定的。要使企业间形成稳定的技术创新合作关系，建立起有效的激励约束机制非常重要。政府可以从产权激励、市场激励（政府规制政策所倾向的市场结构）、催化激励（政府投资、补贴、政府采购等直接激励）三个维度发挥作用，保护企业的创新积极性，维护创新合作关系的稳定。

第四，理论研究表明：使整个产业网络获益最大可以从两个方面做出努力，一方面是促使行为主体之间采用相互合作的策略，另一方面是降低行为主体间合作契约的达成成本和履约成本。而这两个方面都是政府可以发挥作用的地方。政府可以在产业网络行为主体的创新合作中扮演好"引导者"、"信息员"、"协调者"、"督导者"、"风险化解者"等多重角色，降低由于受到人的有限理性、机会主义和资产专用性的制约而产生的交易费用。

第五，标准兼容可以增大正的网络外部性，提高消费者效用，增进社会福利，但是，由于兼容成本、市场份额、消费者预期等因素，使得企业并不会为了兼容而自损收益。通常，当企业在集成创新中面临兼容策略选择的时候，会根据实际情况作出如下三种选择倾向：(1) 在没有兼容成本的情况下，若能实现较高程度的兼容，企业会倾向于选择兼容性的技术标准。(2) 若兼容的收益为正，则市场占有率低的企业也会倾向于选择兼容性的技术标准。(3) 若有兼容成本发生，则随着兼容成本的上升，企业选择兼容决策的意愿会越来越小，反之，则企业选择兼容的倾向会变大。此时若有市场之外的力量能够介入来降低兼容成本，或者对技术标准的方向做出倾向性影响，则会弥补市场选择的不足，而这正是政府可以发挥作用的空间。

第六，政府的作用是有边界的，因时因地因环境而变，当产业

处在幼稚期和成长期的时候，政府的作用非常重要。政府的保护和扶持能够使产业迅速的发展，并突破成长瓶颈；尤其在一些产业“马太效应”非常明显的时候，这种产业实力比较弱的国家的产业发展就会受到遏制，因此政府更要积极地保护和扶持。但是当产业发展成熟之后，就要以市场作用为主，因为政府的投入和带动虽然能够保护创新，快速赶超，但是政府的主导可能会丧失创新的效率，降低创新的活跃度，因为创新应该在市场的导向下向市场要效益，当创新面临市场压力的时候就会是一种自发的，发自内心的创新。从不完全契约理论的研究角度来看，政府作用的边界随着契约的不完全程度而变化，在完全契约下，利用私人秩序或市场机制可以实现高能激励，能够更有效地减少官僚成本；当契约达到一定的不完全程度时，政府监管乃至政府直接生产则能显示监管、治理费用方面的优势，从而政府监管、政府直接生产是更优的选择模式。在理论上可以得出政府作用边界是契约的不完全程度的函数，它主要由交易成本、生产成本、监管成本来决定。

第七，不同国家的政府在产业网络中的作用方式各有不同；一国之内，不同经济发展阶段政府的作用方式也会有所调整和变化。中国产业创新政策演进的过程也正是中国政府作用变迁的过程。由于历史原因，中国一直是一个强调政府干预的国家，只是不同的时期、不同的产业，政府作用的强弱有所区别。但是，总体来看，我国政府正在不断地对自身进行完善和再造，以适应经济环境变迁的需要，适应经济转型和发展的需要，我国政府在产业网络中的作用方式正由无处不在的计划控制转向了宏观调控，重点参与。政府的干预逐步弱化，市场力量逐步增强。

总之，本书的核心观点和主要结论是：产业网络是创新的重要来源，是推动技术进步的最强有力的创新组织形式，是国家创新体系的有机组成部分，但又不受地域和国界的限制；集成创新是一种高效的创新模式，可以充分整合利用既有的创新成果，进行增量创新和快速创新，降低创新风险，提高创新效率。由于所处的基础条

件和制度环境不同，产业网络的治理结构也有所不同，对应也会有不同的集成创新模式。世界各国政府在产业网络的集成创新过程中都发挥着重要的作用，但是政府的作用是有边界的。政府究竟应该对产业创新多干预还是少干预，主要取决于产业发展的需要；政府干预产业创新的强度和作用的方式应该随着产业的发展阶段、产业的战略地位、产业的类型等不同而有所差异，是有重点和有选择的。在产业发展的初期，出于快速赶超、产业安全、可持续发展等考虑，政府要对产业创新给予重点保护和大力扶持，当产业突破发展的瓶颈之后，政府的干预强度需要适当减弱，产业的创新转而更多取决于市场的导向作用和企业的创新能力。当然，政府及时和适当的引导与规制还是必不可少的。

7.2　主要创新之处

创新推动经济发展已毋庸置疑。本书的选题和成文正是基于作者对现实经济中创新范式演化和创新模式的多样性及创新效率差异性的研究，对政府在产业网络集成创新中的作用的观察和思考的结果。与现有文献对比，本书可能的知识创新主要体现在如下几个方面：

第一，本书观点的创新在于提出了如下观点：政府究竟应该对产业创新多干预还是少干预，主要取决于产业发展的需要；政府干预产业创新的强度和作用方式应该随着产业的发展阶段、产业的战略地位、产业的类型等不同而有所差异，应该是有重点和有选择的。这与以往仅仅从政治制度、经济体制或“市场失灵”的角度来讨论政府是否应该对创新进行干预的观点是不同的。正是基于这一观点，本书选择从产业层面来研究创新网络的集成创新问题且重点关注对其中政府作用的研究，是一种全新的研究角度，突破了既有的仅从集群层面、区域层面、国家层面来研究创新网络的约束。

第二，本书构建出了一套研究产业网络集成创新和政府作用的“结构－行为－绩效（SCP）”的系统性框架。虽然在国内外众多产业网络内存在大量的集成创新活动，但是在不同制度环境和基础条件下，不同产业网络治理结构的集成创新行为和绩效却具有很大差异。本研究深入揭示了在一定的制度环境和基本条件下，产业网络治理结构与产业网络的集成创新行为、绩效之间的关系，扩展了产业组织理论的经典分析框架——SCP 范式的应用范围，丰富了产业组织理论的内容。

第三，本书给出了一种全新的产业网络治理结构的分类方法，将产业网络治理结构分为两大类共四种类型。根据产业网络核心层形成和发展过程中受到外界（主要是政府）干预影响的程度，将产业网络分为“自组织型”和“他组织型”两大类；又根据产业网络发展阶段不同，将“自组织型”细分为中小企业自组织型和核心企业领导型；同时考虑到政府干预产业网络创新活动的强弱，将“他组织型”细分为政府主导型和政府引导型。丰富了产业网络治理结构的分类方法。

第四，本书根据企业集成创新的不同动因，给出了一种全新的集成创新模式的分类方法，突破了原来仅从管理、技术、战略、组织等功能角度对集成创新进行分类的方法。将不同类型产业网络治理结构的集成创新模式归纳为：内生驱动型和外生牵引型集成创新模式两大类，并细分为五个子类。

第五，本书提出了一种技术和经济相结合的定量分析方法，对产业网络集成创新绩效和政府作用进行评价，充分考虑了经济因素、制度因素、技术因素、样本主观性强和样本不足等因素，弥补了既有研究方法的种种不足。由于产业网络是一个典型的灰色系统，其边界通常是模糊的，行为主体的数目很难确定，同时产业网络内的一些行为主体还是跨产业的、跨网络的，所以对整个产业网络的创新收益的衡量非常困难。而网络内部的互动合作、权利配置及其制衡要素等机制运行状况与网络整体效率差异之间的关联程度

则更加难以直接揭示。目前对产业创新和创新网络的研究有不少，而专门针对产业网络创新绩效的研究手段还很缺乏，即使零星的个别研究也都是用问卷调查的手段收集数据做量化研究。但是问卷调查数据缺乏系统性和可靠性，产业层面的数据又不便于大量搜集用于建模分析，制约了对产业网络创新绩效研究的效果。本书用索罗余值法配合灰色系统理论的求解方法，并结合从纵向时间维度和横向国别维度比较同一产业的专利申请量，弥补了既有研究方法的种种不足。

7.3　尚待研究的问题

受作者水平和篇幅所限，本书只能选择几个点深入研究，而很难做到面面俱到，但是若进一步扩展下去的话，还有如下方向可以继续展开研究。

（1）如果有更充足的数据，则应该综合采用多种方法对产业网络集成创新与政府作用的影响进行分析比较，并将结果与现实对照，从而优化分析手段。一种综合的分析手段，总会比单一的分析工具来得更全面、更可靠。

（2）结合多个典型国家的实际数据，将多个典型国家的情况进行定量和定性的对比研究也是非常必要的，这样有助于比较不同国家的政府对于产业网络集成创新绩效的影响程度和作用效果，从而扬长避短，为我所用。

（3）按照本书的分析框架，共有四类产业网络的治理结构和两大类集成创新模式，但是限于篇幅，本书仅选择了网络经济特征、集成创新的外生牵引特征和政府作用都非常显著、非常典型的中国铁路产业进行实证研究，而对其他治理结构类型的产业网络及其集成创新模式的实证研究仍然值得继续探索。

（4）实践证明，社会经济系统属于复杂适应系统，系统中主体

的适应性造就了复杂性。产业网络既是一种产业组织形式，也是一个复杂的经济系统，因而完全具有复杂适应系统的各种特征，其行为的复杂性、结构的复杂性、要素相互作用的复杂性，决定了任何单一研究方法都难以驾驭。基于主体的计算经济学（Agent-Based Computational Economics，ACE）的研究方法是研究复杂适应系统的有效方法，但是用来做创新模式研究，尤其是用于集成创新模式的研究方面还基本处于空白状态，结合基于主体的计算经济学的研究方法来研究产业网络中各个主体的集成创新微观行为的宏观涌现，并挖掘其规律，是一个值得探索的方向。

参考文献

［1］白玲．技术创新与产业竞争力研究［M］．北京：经济管理出版社，2009.

［2］陈永鸣，陈辉．创新的瓶颈与突破［M］．上海：上海人民出版社，2010.

［3］陈春阳．中国机车车辆业创新战略研究［D］．北京交通大学，2007.

［4］陈勇江．产业集群“市场失灵”中的政府职能定位［J］．中国行政管理，2009（5）.

［5］陈雅辉．复杂系统与产业集群演进［J］．产业经济，2006，（10）：29－31.

［6］陈禹．复杂性研究的新动向——基于主体的建模方法及其启迪［J］．系统辩证学学报，2001，11（1）：43－50.

［7］付文京．我国产业政策中的政府失灵问题［J］．合作经济与科技，2006（3），35－36.

［8］费太安，吴小妹．监管可能性边界的经济学分析——不完全契约的理论视角［J］．标准科学，2009（12）：90－96.

[9] 高洁，糜仲春等．企业技术创新网络的形成模式、结构及交互关系研究 [J]. 价值工程，2007 (8).

[10] 盖翊中．IT 业空间集聚、产业网络与厂商行为的关联性研究 [D]. 暨南大学，2005.

[11] 盖文启．创新网络——区域经济发展新思维 [M]. 北京：北京大学出版社，2002：46-60.

[12] 顾海．我国产学研实践中制约因素分析及对策 [J]. 中国科技产业，2001，(4)：20-22.

[13] 郭淑芬．我国国家创新系统的演进历程 [J]. 自然辩证法研究，2010，26 (11)：55-62.

[14] 高小勇，汪丁丁．专访诺贝尔经济学奖得主——大师论衡中国经济与经济学 [M]. 北京：朝华出版社，2005.5.

[15] 韩小明，周业安，蒋东升等．创新型国家与政府行为 [M]. 北京：中国人民大学出版社，2009.

[16] 何华武．创新的中国高速铁路技术 [J]. 中国工程科学，2007，9 (9)：4-18.

[17] 胡志坚．国家创新系统——理论分析与国际比较 [M]. 北京：社会科学文献出版社，2000.

[18] 黄纯纯．网络产业标准竞争与转型经济中政府的作用 [J]. 中国人民大学学报，2006 (5)：16-21.

[19] 黄守坤，李文彬．产业网络及其演变模式分析 [J]. 中国工业经济，2005 (4).

[20] 侯云先，林文．新兴产业保护中的两产品关税谈判模型 [J]. 系统工程学报，2004，19 (5)：470-476.

[21] 胡汉辉，倪卫红．集成创新的宏观意义：产业集聚层面的分析 [J]. 中国软科学，2002 (12).

[22] 郝远．加强官产学研联合推动科技成果转化 [J]. 兰州大学学报（社会科学版），2001，(5)：147-152.

[23] 浩然．高铁“群宴图” [J]. 新经济导刊，2009 (5).

[24] 江世亮．百年创新话规律——路甬祥院士谈世界科技创新活动规律 [J]. 科学家论文谈，2001，(9)：2－4.

[25] 刘华．论知识产权制度运行中的政府管制（二）[EB/OL]. 知识产权网，2009-11-03.

[26] 刘朝明．论加入 WTO 后我国铁路行业管理体制改革 [J]. 西南交通大学学报（社会科学版），2004.1：1－4.

[27] 刘友金，杨继平．集群中企业协同竞争创新行为博弈分析 [J]. 系统工程，2002（6）：22－26

[28] 刘永俊，张晟义．产业网络成长范式研究：基于创新与互补性资产视角 [J]. 当代经济管理，2010，32（4）：26－32.

[29] 刘思峰，党耀国，方志耕．灰色系统理论及其应用 [M]. 第 4 版．北京：科学出版社，2008.

[30] 刘毅．"内生式"低壁垒产业集群创新中的政府扶持策略研究 [D]. 重庆大学，2010.

[31] 李红昌．关于我国铁路改革与发展路径选择的若干思考 [J]. 铁道经济研究，2005.2：39－46.

[32] 李凯，李世杰．装备制造业集群网络结构研究与实证 [J]. 管理世界，2004，(12)：68－76.

[33] 李建军．基于产业集成创新的中国经济现代化战略 [J]. 山东科技大学学报（社科版），2008，8（4）.

[34] 李义平．经济学百年——从社会主义市场经济出发的选择与评价 [M]. 北京：三联书店，2007.

[35] 李义平．来自市场经济的繁荣——论中国经济之发展 [M]. 北京：三联书店，2007.

[36] 李宝山，刘志伟．集成管理：高科技时代的管理创新 [M]. 北京：中国人民大学出版社，1998.

[37] 李萍，郑志民，杨锐．技术集成创新与陈村花卉产业集群演进 [J]. 广东农业科学，2009（6）.

[38] 李文博，郑文哲．现代企业的集成创新及综合评价研究

[J]. 科技进步与对策，2005 (4).

[39] 李宝山. 集成管理——高科技时代的管理创新 [M]. 北京：中国人民大学出版社，1998.

[40] 李正彪. 一个综述：国外社会关系网络理论研究及其在国内企业研究中的应用 [J]. 经济问题探索，2004 (11)：58－61.

[41] 梁娟. 计算经济学的产业集群技术创新机理 [J]. 江南大学学报（自然科学版），2008，7 (3).

[42] 柳卸林. 技术创新经济学 [M]. 北京：中国经济出版社，1993.

[43] 冷梅，成达建，胡军. 制度创新：粤港高新技术产业协同发展的新视 [J]. 暨南学报（哲学社会科学版），2001，23 (2)：53－58.

[44] 卢娜. 日本国家创新系统评价. [J]. 现代日本经济，2002，122 (2)：10－14.

[45] 卢现祥，朱巧玲. 新制度经济学 [M]. 北京：北京大学出版社，2007.

[46] 兰旋，路艳婷. 中小企业自主创新与激励机制探讨[J]. 学习月刊，2010 (6)：16－17.

[47] 庞俊亭，游达明. 基于复杂网络视角的集群创新网络特性研究 [J]. 统计与决策，2012 (2).

[48] 乔颖，王永杰，陈光. 研究型大学在区域创新系统中的地位与作用 [J]. 科学学与科学技术管理，2002 (6)：47－49.

[49] 全国工商联研究室. 民营企业自主创新调研系列——民营企业是建设创新型国家的重要力量 [R/OL]. (2007-03-08). http：// www. acfic. org. cn/publicfiles/business/htmlfiles/qggsl/yjs _ dybg/200910/15650. html.

[50] 任重. 论创新网络的结构及治理 [J]. 情报杂志，2009 (11).

[51] 邵云飞，唐小我，陈新有等. 基于网络视角的产业集群

创新——创新网络结构特征对集群创新影响的理论与应用［M］. 成都：电子科技大学出版社 2008.

［52］石定寰，柳卸林．建设我国国家创新体系的构想［J］. 中国科技论坛，1998（5）.

［53］史修松，徐康宁．基于创新网络的建筑业竞争力分析．企业天地，2007（19）：176－179.

［54］苏东水．产业经济学（第二版）［M］. 北京：高等教育出版社，2006.

［55］田小平．科技创新中的政府作用［J］. 北京观察，2011（9）：19－21.

［56］田钢，张永安．集群创新网络演化的动力和合作机制研究［J］. 软科学，2008（8）：91－96，108.

［57］唐晓华，张丹宁．典型产业网络的组织结构分析［J］. 产业经济评论，2008，7（1）.

［58］西宝，杨双廷．企业集成创新：概念、方法和流程［J］. 中国软科学，2003（6）.

［59］许庆瑞．全面创新管理：理论与实践（第一版）［M］. 北京：科学出版社，2007.

［60］许庆瑞．中国企业技术创新——基于核心能力的组合创新［J］. 管理工程学报，2000（9）.

［61］肖黎明．实施知识产权战略意义深远［N］. 法制日报，2007－10－20.

［62］魏江．产业集群——创新系统与技术学习［M］. 北京：科学出版社，2003.

［63］吴贵生，谢伟．我国技术管理学科发展的战略思考［J］. 科研管理，2005（6）.

［64］吴建平．企业集成创新链研究［D］. 武汉理工大学，2007.

［65］谢燮正．科技进步、自主创新与经济增长［J］. 软科学，

1995 (5).

[66] 王大洲．企业创新网络的进化机制分析 [J]. 科学学研究，2006，24 (5)：780－786.

[67] 王大洲．企业创新网络进化与治理．[M]. 北京：知识产权出版社，2006.

[68] 王国红，邢蕊，唐丽艳．基于知识场的产业集成创新研究 [J]. 中国软科学，2010 (9)：96－107.

[69] 王先林．从个体权利、竞争工具到国家战略 [J]. 上海交通大学学报（社会科学版），2008，(4).

[70] 王深．上海张江高科技园区集成电路地方产业网络研究 [D]. 华东师范大学，2005.

[71] 王冰，顾远飞．簇群的知识共享机制和信任机制 [J]. 外国经济与管理，2002 (5)：5－7

[72] 文嫮．嵌入全球价值链的中国地方产业网络升级机制的理论和实践研究 [D]. 华东师范大学，2005.

[73] 王廷惠．产业技术进步、需求扩展与自然垄断边界变化——兼论政府管制调整 [J]. 学术月刊，2003 (3).

[74] 吴文华．产学研合作中的政府行为 [J]. 科技管理研究，1999 (2)：44－45.

[75] 吴金群，耿依娜．政府的性质：新制度经济学的视角 [J]. 浙江大学学报（人文社会科学版），2008，38 (2)，57－66.

[76] 徐冠华．当代科技发展趋势和我国的对策 [J]. 中国软科学，2002，(5)：1－12.

[77] 叶文忠，刘友金．集群式创新网络与区域国际竞争力分析．湖南科技大学学报，2007 (3)：94－98.

[78] 杨瑞龙，杨其静．企业理论：现代观点 [M]. 北京：中国人民大学出版社，2005.

[79] 杨谨．产业集群环境下生产性服务业集成创新模式分析 [J]. 科学学与科学技术管理，2008 (10).

[80] 杨慧．产业集群治理结构探析 [J]. 科学学研究，2007，25 (4).

[81] 杨静，张文君．由模仿缔造销量传奇 丰田品牌历史介绍 [EB/OL]. 和讯—汽车之家，(2011—12—17) . http：//auto. hexun. com/2011—12—17/136404958. html

[82] 杨扬．加强“产业科研基础”的国际经验：“R&D 联合体” [J]. 管理世界，1999，(2)：104 - 112.

[83] 岳峰．“智猪博弈”对中小企业发展战略的启示 [J]. 桂林电子工业学院学报，2005，25 (6)：72 - 75.

[84] 余向平．供应链视角下集群式创新网络的构建 [J]. 科技进步与对策，2008，25 (5)：30 - 33.

[85] 于惊涛，孙英．政府合作政策在新兴产业技术能力体系构建过程中作用的分析 [J]. 技术经济，2004 (3)：20 - 21.

[86] 游达明，张帆．嵌入性视角下的企业集成创新模式与动态决策模型研究 [J]. 统计与决策，2008 (7).

[87] 袁庆明．关于“制度”含义的几个问题 [J]. 云梦学刊，2004 (6)：43 - 45.

[88] 张伟峰，万威．企业技术创新网络的构建动因与模式研究 [J]. 研究与发展管理，2004，16 (3)：62 - 68.

[89] 张淦锋．关于经济外部性的探讨 [J]. 金融经济，2007 (4)：26 - 28.

[90] 张华胜，薛澜．一种新的技术创新管理模式：集成创新 [J]. 中国软科学，2002 (12).

[91] 张维迎．博弈论与信息经济学 [M]. 上海：上海人民出版社，2004.

[92] 张芳山，刘浩林．政府行为规制的新制度经济学分析 [J]. 求索，2006 (8)：74 - 75.

[93] 张平，马骁．标准化与知识产权战略 [M]. 北京：知识产权出版社，2002.

[94] 张继宏，张洪辉．国家集成创新能力评价指标体系研究——我国自主创新的一个子系统 [J]．技术经济与管理研究，2010 (3).

[95] 郑传锋．国家创新体系建设中的政府职能定位 [J]．经济师，2003 (5).

[96] 赵文哲．财政分权与前沿技术进步、技术效率关系研究 [J]．管理世界，2008 (7)：34-44.

[97] 赵东奎，张世伟．基于主体计算经济学初探 [J]．吉林大学社会科学学报，2011，(02)，32-37.

[98] 左学金，陈伟．上海经济发展报告 [R]．北京：社会科学文献出版社，2008：101.

[99] 朱杏珍．产业集群创新网络的行为机制分析 [J]．经济论坛，2006，6：4-7.

[100] 朱华展．浙江产业群：产业网络、成长轨迹与发展动力 [M]．杭州：浙江大学出版社，2003.

[101] 曾方．技术创新中的政府行为——理论框架和实证分析 [D]．复旦大学，2003.

[102] 中华人民共和国铁道部．铁道统计公报 (1995—2010) [R]．北京：中国铁道出版社.

[103] 中华人民共和国铁道部．铁路主要指标完成情况 (1995—2010) [R]．北京：中国铁道出版社.

[104] 中国政府网．发展铁路符合中国国情——张梅颖谈铁路的重要地位 [N/OL]．http://www.gov.cn/2008lh/content_914079.htm

[105] 中华人民共和国国家统计局．中国统计年鉴 (1995-2011) [R]．北京：中国统计出版社.

[106] 中华人民共和国铁道部．铁道部科技研究开发计划管理办法 (铁科技 [2011] 166 号)，2011.

[107] 中华人民共和国铁道部．铁路主要技术政策 (铁科技 [2004] 78 号)，2004-7-13.

［108］安纳利·萨克森宁．地区优势：硅谷与128公路地区的文化与竞争［M］．上海：上海远东出版社，1999.

［109］安娜·格兰多里．企业网络：组织和产业竞争力［M］．北京：中国人民大学出版社，2002.

［110］阿尔弗雷德·马歇尔．经济学原理［M］．北京：商务印书馆，1997.

［111］保罗·萨缪尔森，威廉·诺德豪斯．经济学［M］．北京：华夏出版社，2003.

［112］丹尼斯·卡尔顿．现代产业组织［M］．上海：上海三联书店，1998.

［113］富田彻男．市场竞争中的知识产权［M］．北京：商务印书馆，2000.

［114］考特，尤伦．法和经济学［M］．上海：上海三联书店，1994.

［115］卡尔·马克思．资本论（第一卷）［M］．北京：人民出版社，1975：408－447.

［116］卡尔·夏皮罗，哈尔·瓦里安．信息规则——网络经济的策略指导［M］．北京：中国人民大学出版社，2000.

［117］康芒斯．制度经济学［M］．北京：商务印书馆，1962.

［118］路易斯·普特受，克罗茨纳·兰德尔．企业的经济性质［M］．上海：上海财经大学出版社，2000.

［119］OECD．技术创新统计手册［M］．北京：中国统计出版社，1993.

［120］奥利弗·E.威廉姆森．经济组织的逻辑［M］．上海：上海三联书店，1996.

［121］青木昌彦．企业的合作博弈理论［M］．北京：中国人民大学出版社，2005：102－127.

［122］乔治．J.施蒂格勒．产业组织和政府管制［M］．上海：上海三联书店，1983.

［123］斯蒂格利茨．全球化及其不满［M］. 北京：机械工业出版社，2004.

［124］斯蒂格利茨．经济学（第4版）［M］. 北京：中国人民大学出版社，2010.

［125］Shibata J. 日本新工业的创建与技术创新［M］. 上海：复旦大学出版社，2000.

［126］托马斯·K·麦格劳．现代资本主义——三次工业革命中的成功者［M］. 南京：江苏人民出版社，2000.

［127］W.W罗斯托．经济增长的阶段——非共产党宣言［M］. 北京：中国社会科学出版社，2001.

［128］小艾尔弗雷德·D·钱德勒．看得见的手——美国企业的管理革命［M］. 北京：商务印书馆，1997.

［129］约瑟夫·熊彼特．经济发展理论［M］. 北京：商务印书馆，1990.

［130］约瑟夫·熊彼特．资本主义、社会主义和民主主义［M］. 北京：商务印书馆，1979：131－165.

［131］亚当·斯密．国民财富的性质和原因的研究（下卷）［M］. 北京：商务印书馆，1988：243.

［132］植草益．微观规制经济学［M］. 北京：中国发展出版社，1992.

［133］Auriol E. and M. Benaim. Standardization in Decentralized Economics［J］. *American Economic Review*. 2000，90（3）：550－570.

［134］Andersson M. & Karlsson C. Knowledge in Regional Economic Growth－The Role of Knowledge Accessibility［J］. *Industry and Innovation*，2007，Vol. 14，No. 2，129－149.

［135］Anselin L. & Varga A. & Z. Acs J. Local Geographic Spillovers Between University Research and High Technology Innovations［J］. *Journal of Urban Economics*. 1997，Vol. 42，422－448.

［136］Audertsch D. B.，Stephan P. E. Company Scientist Lo-

cational Links: The Case of Biotechnology [J]. *American Economic Review*. 1996, Vol. 86 (3). 641 - 652.

[137] Autant-Bernard C. Science and Knowledge Flows: Evidence from the French Case [J]. *Research Policy*. 2001, Vol. 30 (7): 1069 - 1078.

[138] Aydalot P. & Keeble D. *High Technology Industry and Innovative Environments Routledge* [M]. London, 1988.

[139] Aydalot P. *Milieux Innovateurs en Europe GREMI* [M]. Paris, 1986.

[140] Abraham L. Wickelgren. Innovation, Market Structure and the Holdup Problem: Investment incentives and Coordination [J]. *International Journal of Industrial Organization*. 2004, 22: 693 - 713.

[141] Allan A. Dynamic Boundaries of the Firm: Are Firms Better off Being Vertically Integrated in the Face of A Technologic Change [J]. *Academy of Management Journal*. 2001, 44 (6): 1211 - 1228.

[142] Anders Oestergaard Nielsen. Patenting, R&D and Market Structure: Manufacturing Firms in Denmark [J]. *Technological Forecasting and Social Change*. 2001, 66: 47 - 58.

[143] Axelrod. Advancing the Art of Simulation in the Social Sciences [J]. *Japanese Journal for Management Information System*, Special Issue on Agent-Based Modeling. 2003, 12 (3): 1 - 18.

[144] Acs & Varga A. Entrepreneurship, Agglomeration and Technological Change [J]. *Small Business Economics*. 2005, Vol. 24, 323 - 334.

[145] Baptista R., Swann G. M. P. Do Firms in Clusters Innovate More? [J] *Research Policy*. 1998, 27: 525 - 540.

[146] Bramanti A, Maggioni M. A. *The Dynamics of Mi-*

lieux: *The Network Analysis Approach* [M]. Ashgate Publishing Ltd. 31, 1997.

[147] Baldwin M. Day Care on the Move: Learning from A Participative Action Research Project at a Day Centre for People with Learning Difficulties [J]. *British Journal of Social Work*. 1997, Vol. 27, 951－958.

[148] Black G. & Church J. & Holley, D. Empirical Estimation of Agglomeration Economies Associated with Research Facilities [J]. *Atlantic Economic Journal*. 2004, Vol. 32 (4), 320－328.

[149] Blanchard O. & Katz F. Wage Dynamics: Reconciling Theory and Evidence [J]. *American Economic Review*, American Economic Association. 1999, Vol. 89 (2), 69－74.

[150] Boschma R. A. & Ter Wal. Knowledge Networks and Innovative Performance in an Industrial District: The Case of a Footwear District in the South of Italy [J]. *Industry and Innovation*. 2007, Vol. 14 (2), 177－199.

[151] Boschma R. A. & J. G. Lambooy. Knowledge, Market Structure and Economic Coordination: Dynamics of Industrial Districts [J]. *Growth and Change*. 2002, Vol. 33 (3), 291－311.

[152] Boschma R. A. & Kloosterman, R. *Further Learning From Clusters* [M]. Dordrecht: Springer Verlag, 2005: 391－405.

[153]Boschma R. A. Competitiveness of Regions from An Evolutionary Perspective [J]. *The Association of Regional Observatories*, 2005: 10－13.

[154] Bramanti A. & Maggioni, M. A. *The Dynamics of Milieux*: *The Network Analysis Approach* [M]. Edited by Patti R., Bramanti A., Gordon R. The Dynamics of Innovative Regions: The GREMI Approach. Q Shgate Publishing Ltd., 31, 1997.

[155] Breschi S. & Lissoni F. Knowledge Spillovers and Local

Innovation System—A Critical Survey [J]. *Industrial and Corporate Change*. 2001, Vol. 10, 975-1005.

[156] Belussi Fiorenza, Luciano Pilotti. Knowledge Creation, Learning and Innovation in Italian Industrial Districts [J]. *Geografiska Annaler* 2002, 84 (2): 125-139.

[157] BT. Asheim and Arne Isaksen. Regional Innovation Systems: the Integration of Local 'Sticky' and Global 'Ubiqu-itous' Knowledge [J]. *The Journal of Technology Transfer*. 2002, 27 (1): 77-86.

[158] Bent Ake Lundvall. *Nationl System of Innovation: Towards a Theory of Innovation and Learning* [M], Printer., 1992.

[159] Burgelman. R. Maidiqu, M. A. and Wheelwright. S. C. *Strategy Management of Technology and Innovation* [M]. McGraw-Hill, NewYork, 2004.

[160] C. Freeman. *Technology Policy and Economic Performance: Lessons for Japan* [M]. Pinter Publishers (London and New York), 1987.

[161] C. Freeman., Luc Soete. *The Economics of Industrial Innovation* 3nd ed. [M]. Routledge, 2004

[162] C. Freeman. *Japan: A New National System of Innovation* [M]. London: Pinter, 1988.

[163] C. Freeman. Network of Innovators: A Synthesis of Research Issues [J]. *Research Policy*, 1991, 20 (5): 499-514.

[164] CordenW. Economics of Scale and Custom Union Theory [J]. *Journal of Political Economy*, 1972, 80 (3): 465-475.

[165] Carlos Melo Brito. Towards an Institutional Theory of the Dynamics of Industrial Networks [J]. *Journal of Business & Industrial Marketing*, 2001, 16 (3): 150-166.

[166] Coase Ronald. The Problem of Social Cost [J]. *Journal of*

Law and Economics, 1960 (3): 1 - 44.

[167] Coase Ronald. The Nature of the Firm [J]. *Economica*, 1937 (4): 386 - 405.

[168] Christer Karlsson. The Development of Industrial Networks: Challenges to Operations Management in An Extraprise [J]. *International Journal of Operations & Production Management*, 2003, 23 (1): 44 -61.

[169] Camagni R. P. The Concept of Innovation Milieu and its Relevance for Public Policies in European Lagging Region [J]. *Papers in Regional Science*. 1995, Vol. 74, 317 - 340.

[170] Capello R. SME Clustering and Factor Productivity: A Milieu Production Function Model [J]. *European Planning Studies*. 1999, Vol. 7 (6), 791 - 735.

[171] Cantner Uwe & Joel Kristin. Functional Chains of Knowledge Management—Effects on Firms' Innovative Performance [J]. *Jena Economic Research Paper*, 2007 (11).

[172] Clark K. B and Fujimoto T. *Product Development Performance: Strategy, Organization, and Management in the World Auto Industry* [M]. Boston: Harvard Business School Press. 1991.

[173] Camagni R. *Innovation Networks: Spatial Perspectives* [M]. London: Beelhaven-pinter, 1991.

[174] Capello R. Spatial Transfer of Knowledge in Hi-Tech Milieux: Learning Versus Collective Learning Progresses [J]. *Regional Studies*, 1999: 33, 352 - 365.

[175] Carpenter M. A. Top Management Teams, Global Strategic Posture, and the Moderating Role of Uncertainty [J]. *Academy of Management Journal*, 2001 (44) (No. 3): 533 - 545.

[176] Conway Steve & Fred Steward. Networks and Interfaces in Environmental Innovation: a Comparative Study in the UK and Ger-

many [J]. *Journal of High Technology Management Researci*. 1998, 9 (2): 239 - 253.

[177] Cremer J. Arm's-length Relationships [J]. *Quarterly Journal of Economics*. 1995, 110, (2): 275 - 295.

[178] David J. Teece. Firm Organization, Industrial Structure, and Technological Innovation [J]. *Journal of Economic Behavior & Organization*. 1999, 31 (2): 193 - 224

[179] Durand R. Firm Selection: An Integrative Perspective [J]. *Organization Studies*. 2001 (22): 393 - 417.

[180] Delong J. Bradford & Lawrence H. Summers. Equipment Investment and Economic Growth [R]. University of California at Berkeley, Economics Department Working Paper. Aug 11, 1995.

[181] Dominique Gross, Roger Strand. Can Agent-Based Models Assist Decisions on Large-Scale Practical Problems? A Philosophical Analysis [J]. *Complexity*. 2000, 5 (6): 26 - 33.

[182] DeBresson C, Amesse F. Networks of Innovators: A Review and Introduction to the Issue [J]. *Research Policy*. 1991, 20: 363 - 379.

[183] Denison E. *Accounting for United States Economic Growth*, 1929—1969 [M]. Washington D C. : Brookings, 1974.

[184] Dension E. *The Sources of Economic Growth in the United States and the Alternatives before Us* [M]. New York: Committee for Economic Development, 1962

[185] Dension E. *Why Growth Rates Differ: Postwar Experience in Nine Western Countries* [M]. Washington, DC: Brookings Institution. 2 - 30. 1967.

[186] Dennis R. & Benson R. The Struggle for Strategic Alignment in Multinational Corporations: Managing Readjustment During Global Expansion [J]. *European Management Journal*,

2001 (19) (No. 4): 404-416.

[187] Dirk Messner & Meyer-Stamer J. Governance and Networks Tools to Study the Dynamics of Clusters and Global Value Chains [P]. Paper for the IDS/INEF project, 2000.

[188] Drucker P. F. *Innovation and Entrepreneurship* [M]. Harper Row, 1983.

[189] Estades J. & Ramani S. V. Technological Competence and Influence of Networks: a Comparative Analysis of New Biotechnological Firms in France and Britain [J]. *Technology Analysis & Strategic Management*. 1998, 10 (4): 483-495.

[190] Ergas H. The Importance of Technology Policy, in Dasgupta, P., Stone man, P. (eds.), *Economic Policy and Technology Performance* [M]. Cambridge University Press, 1987.

[191] Economides, Nicholas. Desirability of Compatibility in the Absence of Network Externalities [J]. *The American Economic Review*, 1989, Vol.79 (5): 1165-1181.

[192] Economides, Nicholas. *Compatibility and the Creation of Shared Networks, Electronic Services Networks: A Business and Public Policy Challenge* [M]. Praeger Publishing Inc., New York, 1991.

[193] Economides, Nicholas. Network Externalities, Complementarities, and Invitations to Enter [J]. *European Journal of Political Economy*, 1995.

[194] Economides, Nicholas. *Competition Policy in Network Industries: An Introduction* [M]. New York University, June 2004.

[195] Economides, Nicholas. *The Incentive for Vertical Integration* [M]. New York University, January 2005.

[196] Fujimoto T, Iansiti M. & Clark. K. B. *External Integration in Product Development* [M]. Nishiguchi, T. Managing

Product Development. New York: Oxford University Press, 1996.

[197] F. M. Scherer. *Innovation and Growth: Schumpeterian Perspectives* [M]. MIT Press Books, 1986.

[198] F Derolan. Formation of Social Network and Diffusion of Innovations [J]. *Research Policy*, 2002, 31: 835 - 846.

[199] Farrell J. Choosing the Rules for Formal Standardization [M]. Mimeo, University of California Berkeley, 1996.

[200] Farrell J., Saloner G. Installed Base and Compatibility-Innovation, Product Preannouncements, and Predation [J]. *American Economic Review*, 1986, 76: 940 - 55.

[201] Farrell J., Garth Saloner. Converters, Compatibility and the Control of Interfaces [J]. *The Journal of Industrial Economics*, 1992, Vol. 40, (1): 9 - 35.

[202] Farrell J., Garth Saloner. Standardization, Compatibility and Innovation [J]. *Rand Journal of Economics*, Spring 1985, Vol. 16 (1).

[203] Granovetter M. *Economic Action and Social Structure: The Problem of Embeddedness, in Readings in Economic Sociology* [M]. (ed N. W. Biggart), Blackwell Publishers Ltd, Oxford, UK, 2008.

[204] Gallaugher, John M., Yu-Ming Wang. Network Effects and the Impact of Free Goods: An Analysis of the Web Server Market [J]. *International Journal of Electronic Commerce*. 1999, Vol. 3 (4), Summer: 67 - 88.

[205] Hakan Hakansson. *Evolution Processes Industrial Networks* [M]. London Routledge, 1992.

[206] Hakan Hakansson. *Industrial Technological Development: a Network Approach* [M]. London Press, 1987.

[207] Hakan Hakansson, David Ford. How Should Companies

Interact in Business Networks? [J]. *Journal of Business Research*, 2002, 55 (2): 133-139.

[208] Hart S. Innovation, Competition and the Structure of Local Production Networks [J]. *Local Economy*, 1998, (12): 235-246.

[209] Henisz W. L. An Uncertainty, Imitation, and Plant Location: Japanese Multinational Corporations [J]. *Administrative Science Quarterly*. 2001 (46): 443-475.

[210] Holly J. Raider. Market Structure and Innovation [J]. *Social Science Research*, 1998, 27: 1-21.

[211] Huang H. and Xu C. Soft Budget Constraint and the Optimal Choices of Research and Development Projects Financing [J]. *Journal of Comparative Economics*. 1998, 26 (1): 62-79.

[212] H. Van Dyke Parunak, Robert Savit, Rick L. Riolo. Agent-Based Modeling vs. Equation-Based Modeling: A Case Study and Users' Guide [C]. Proceedings of Multi-agent Systems and Agentbased Simulation, Paris, France, 1998.

[213] Humphrey J., Schmitz H. *Governance and Upgrading: Linking Industrial Cluster and Global Value Chain Research* [M]. DS Working Paper 120, Brighton: Institute of Development Studies, 2000.

[214] Ian Wilkinson, Louise Young. On Cooperating: Firms, Relations and Networks [J]. *Journal of Business Research*, 2002, 55 (2): 123-132.

[215] Inkpen, B. Knowledge, Bargaining Power and the Instability of International Joint Ventures [J]. *Academy Management Review*, 1997 (22): 177-202.

[216] Iansiti M. *Technology Integration: Making Critical Choices in a Dynamic World* [M]. Boston, Massachusetts: Harvard Business School Press, 1998.

[217] Iansiti M. & Clark, K. B. Integration and Dynamic Capabil-

ity: Evidence from Development in Automobiles and Mainframe Computers [J]. *Industrial and Corporate Change*, 1994, (3): 557 - 605.

[218] Jeffrey Pfeffer, Gerald R. Salancik. *The External Control of Organizations: A Resource Dependence Perspective* [M]. Social Control of Organization Haper&Row Publishers, 1978.

[219] Jeffrey P. & Cohena & Catherine J. & Morrison P. Agglomeration Economies and Industry Location Decisions: the Impacts of Spatial and Industrial Spillovers [J]. *Regional Science and Urban Economics*, 2005, Vol. 91 (1), 240 - 259.

[220] Jensen R. & Thursby M. Proofs and Prototypes for Sale: the Licensing of University Inventions [J]. *American Economic Review*, 2001, Vol. 91 (1), 240 - 259.

[221] Johansson B. & Quigley J. Agglomeration and Networks in Spatial Economies [J]. *Journal of Economics*, Sprin-ger. 2003, Vol. 83 (1), 165 - 176.

[222] Katz, Michael L., Carl Shapiro. Product Compatibi-lity Choice in a Market with Technological Progress [J]. *Oxford Economic Papers*, 1986, Vol. 38: 146 - 165.

[223] Katz M. L., Shapiro C. Network Externalities, Competition, and Compatibility [J]. *American Economic Review*, 1985 (75): 424 - 40.

[224] Katz M. L., Shapiro C. Product Introduction with Network Externalities [J]. *Journal of Industrial Economics*, 1992 (40): 55 - 83.

[225] K. Imai, Y. Baba. Systemic Innovation and Crossborder Networks: Transcending Markets and Hierarchies to Create a New Techno-economic System. [C]. Conference on Science Technology and Economic Growth. Paris, June 1989 (6).

[226] Kotler Philip. *The Marketing of Nations: A Strategic*

Approach to Building National Wealth [M]. Free Press (New York), 1997.

[227] Khilji S. E., Mroczkowski T. and Bernstein B. From Invention to Innovation: Toward Developing an Integrated Innovation Model for Biotech Firms [J]. *Journal of Product Innovation Management*, 2006 (23): 528-540.

[228] K. Arrow. Economic Welfare and the Allocation of Resources for Invention [C/OL]. The Rate and Direction of Inventive Activity: Economic and Social Factors. 1962: 609 - 626. http: //www. nber. org/chapters/c2144 .

[229] Keeble D., Lawson C., Moore B., Wilkinson F. Collective Learning Processes, Networking and 'Institutional Thickness' in the Cambridge Region [J]. *Regional Studies*, 1999, 33 (4): 319 (1).

[230] Kornai J. Resource Constrained versus Demand Constrained Systems [J]. *Econometrics*, 1979, 47, (4): 801-819.

[231] Kuznets Simon. Economic Growth and Income Inequality [J]. *American Economic Review*, 1955, 45 (1).

[232] Kuznets Simon. Economic Growth and the Contribution of Agriculture [M]. New York: McGraw-Hill, 1964.

[233] Kletzer K., Bardhan P. Credit Markets and Patterns of International Trade [J]. *Journal of Development Economics*, 1987 (27), 57-70.

[234] Kazuhiro Y. Agglomeration and Growth with Innovation in the Intermediate Goods Sector [J]. *Regional Science and Urban Economics*, 2003, Vol. 33 (3), 335-360.

[235] Keeble D. & Lawson C. & Moore B. & Wilkinson F. Collective Learning Processes, Networking, and "Institutional Thickness" in the Cambridge Region [J]. *Regional Studies*, 1999,

Vol. 33 (4), 329 - 331.

[236] L. Smith-Doerr J. Owen-Smith K. W. Koput & W. W. Powell. Networks and Knowledge Production: Collaboration and Patenting in Biotechnology [J]. *Corporate Social Capital and Liability*, Kluwer Academic Publishers, 1999, pp. 390 - 408.

[237] L. Tesfatsion. Introduction to the Special Issue on Agent-based Computational Economics [J]. *Journal of Economic Dynamics and Control*, 2001, (25): 281 - 293.

[238] Lars-Erik Gadde, Lars Huemer and Hakan Hakansson. Strategizing in Industrial Networks [J]. *Industrial Marketing Management*, 2003, 32 (5): 357 - 364.

[239] Lawson C. and Lorenz E. Collective Learning, Tacit Knowledge and Regional Innovative Capacity [J]. *Regional Studies*, 1999, 33.

[240] Lucas R. E. On the Mechanics of "Economic Development" [J]. *Journal of Monetary Economics*, 1998 (22): 3 - 14.

[241] Lucia Cusmano. Technology Policy and Cooperative R&D: the Role of Relational Research Capacity [P]. DRUID Working Paper. 2000. No. 003.

[242] Lundvall B. A. *National Systems of Innovation: Towards a Theory of Innovation and Interactive Learning* [C]. London: Pinter Publishers, 1992.

[243] *Logistical Management: The Integrated SupplyChina Process Donald J. Bowersox* [M]. The McGraw-Hill Companies, inc, 1998.

[244] Lewis M. Branscomb. U. S. Scientific and Technical Information Policy in the Context of a Diffusion-oriented National Technology Policy [J]. *Government Publications Review*, 1992, 19 (5): 469 - 482.

[245] Matutes C., P. Regibeau. Standardization across Markets and Entry [J]. *Journal of Industrial Economics*. 1989, Vol. 37 (4): 359 - 371.

[246] Malerba F. Sectoral Systems of Innovation and Production [J]. *Research Policy*. 2002. 3.

[247] Malipiero A. & Munari F. & Sobrero M. Focal Firms as Technological Gatekeepers within Industrial Districts: Knowledge Creation and Dissemination in the Italian Packaging Machinery Industry, DRUID Working Papers, 2005.

[248] Markman G. D. & Gianiodis P. T. & Phan H. P. & Balkin D. B. Entrepreneurship from the Ivory Tower: Do Incentive Systems Matter? [J]. *Journal of Technology Transfer*, 2004, Vol. 29, 353 - 364.

[249] Markusen A. *Profit Cycles, Oligopoly and Regional Development* [M]. MIT Press, Cambridge, Mass, 1985.

[250] Martin P. & Ottaviano G. Growing Locations: Industry Location. Economic Review, 1999, Vol. 42: 947 - 968.

[251] Moreno R. &Paci R. & Usai S. Geographical and Sectoral Clusters of Innovation in Europe [J]. *Annual Regional Science*, 2005, Vol. 39, 715 - 739.

[252] Mori T. & Turrini A. Skills, Agglomeration and Segmentation [J]. *European Economic Review*, 2005, Vol. 49, 201 -225.

[253] Milliken F. J. Three Types of Perceived Uncertainty about the Environment: State, Effect, and Response Uncertainty [J]. *Academy of Management Review*, 1987 (12): 133 - 143.

[254] Mowery D. C. and Rosenberg, N. The Influence of Market Demand Upon Innovation: A Review of Some Empirical Studies [J]. *Research Policy*, 1979, Vol. 8, 102 - 153.

[255] Nicholas Economides. The Economics of Networks [J]. *Forthcoming*, *International Journal of Industrial Organization*, March 1996, vol. 14 (2).

[256] N. *Rosenberg*: *Inside the Black Box* [M]. London: Cambridge University Press, 1982.

[257] Nelson, Richard R, ed. *National Innovation Systems*: *A Comparative Analysis* [M]. New York: Oxford University Press, 1993.

[258] Nelson, Winter. Growth Theory From an Evolutionary Perspective—Differential Productivity Puzzle [J]. *American Economic Review*, 1975 (65), 338 - 344.

[259] Oz Shy. *Industrial Organization*: *Theory and Applications* [M]. The MIT Press, 1996

[260] OECD. National Innovation System [R], Paris, 1997.

[261] OECD. OECD Report on Competition Policy & Intellectual Protection Rights [R]. Paris, 1989.

[262] OECD. Innovative Networks: Co-operation in National Innovation Systems [R]. 2001. Paris: OECD.

[263] Philip Cooke. From Technologies to Regional Innovation Systems: the Evolution of Localized Technology Development Policy [J]. *Canadian Journal of Regional Science* 2001, 24: 21 - 39.

[264] Padmore, Tim et al. Modeling System of Innovation: an Enterprise-centered View [J]. *Research Policy*, 1998 (26): 605 - 624.

[265] Patel, Parimal, Pavitt, Keith. The Nature and Economic Importance of National Innovation System [J]. OECD, STI, 14, 1994.

[266] Piero Morosini. Industrial Clusters, Knowledge Integration and Performance [J]. *World Department*, 2004, 32 (2).

[267] Porter M. E. *On Competition* [M]. Boston: Harvard Business School Press. 1998: 51-85.

[268] Priem R. L. Executives' Perceptions of Uncertainty Sources: A Underlying Dimensions [J]. *Journal of Management*, 2002 (28): 725-746.

[269] Pisano G. Knowledge, Integration, and the Locus of Learning: An Empirical Analysis of Process Development. *Strategic Management Journal*. 1994 (15): 85-100.

[270] Petronia. The Analysis of Dynamic Capabilities in a Competence-Oriented Organization. *Technovation*. 1998, (18): 179-189.

[271] R. Rothwell. Factors for Success in Industrial Innovations, Project SAPPHO—A Comparative Study of Success and Failure in Industrial Innovation [J]. *Science Policy Research Unit*, University of Sussex, Brighton, U. K., 1972.

[272] Richard R. Nelson. *National Innovation System* [M]. Oxford University Press, 1993.

[273] R. Coase. *The Problem of Social Cost* [J]. Journal of Law and Economics, 1960 (3).

[274] Ropers D. M. A. The Challenge of Fifth Generation R&D. *Research-Technology Management* 1996 39 (4): 33-41.

[275] Radosevic. Regional Innovation System in Central and Eastern Europe: Determinants, Organizers and Alignments [J]. *Journal of Technology Transfer*, 2002 (27): 87-96.

[276] Romer P. M. Increasing Returns and Long-run Growth [J]. *Journal of Political Economy*, 1986 (94): 1002-1037.

[277] Romijn H., Albaladejo, M. Determinants of Innovation Capability in Small Electronics and Software Firms in Southeast England [J]. *Research Policy*, 2002, 31: 1053-1067.

[278] Sorenson O. The Effect to Population-Levd Learning on

Market Entry: The American Automobile Industry. *Social Science Research*, 2000 (29), 307-326.

[279] Simon Smith Kuznets. *Secular Movements in Production and Prices* [M]. Houghton Mifflin Co.

[280] Schartinger D. & Schibany, A. &Gassler, H. Interactive Relations Between Universities and Firms: Empirical Evidence for Austria [J]. *The Journal of Technology Transfer*, 2001, Vol. 26 (3), 255-268 (14).

[281] Saxenian A. *Regional Advantage: Culture Competition in Silicon Valley and Route* 128 [M]. Harvard University Press, 1994.

[282] Schmookler, J. *Innovation and Economic Growth* [M]. Harvard University Press, 1996.

[283] Scott A. J. and Storper M. Industrialization and Regional Development. In: M. Storper and A, Scott (eds): *Pathways to Industrialization and Regional Development* [M]. London: Routledge. 3-20, 1992.

[284] Tian Gang, Zhang Yongan. Dynamical Model and Simulation for the Evolution of Industrial Cluster Innovation Network [J]. *Science Research Management*, 2010 (01).

[285] Thomas Andersson, Emily Hansson, Sylvia Schwaag-Serger, Jens Sorvik. The Cluster Policies Whitebook [R]. International Organisation for Knowledge Economy and Enterprise Development (IKED), 2004.

[286] Tinbergen J. *Econometrics* [M]. Englewood Cliffs: Prentice-Hall. 1964.

[287] Tesfatsion. Agent-Based Computational Economics: Growing Economies from the Bottom Up [J], *Artificial Life*, 2002, 8 (1): 55-82.

[288] Varian H. R. *Market Structure in the Network Age*

[M]. University of California, Berkeley, June 1999.

[289] Victor, Stango. The Economics of Standards Wars [J]. *Review of Network Economics*, 2004, Vol. 3 (1): 1-19.

[290] William H. Redemond. Interconnectivity in Diffusion of Innovations and Market Competition [J]. *Journal of Business Research*, 2004, 57: 1295-1302.

[291] White, Lawrence J. Antitrust During the Clinton Administration: An Assessment (December 2002) [R/OL]. NYU Working Paper No. EC-03-01. Available at SSRN: http://ssrn.com/abstract=1292620.

[292] W. Richard Scott, John W. Meyer. *Institutional Environments and Organizations: Structural Complexity and Individualism* [M]. Sage Publications, Inc. 1994.